PEREGRINOS E PEREGRINAÇÃO
NA IDADE MÉDIA

Dados Internacionais de Catalogação na Publicação (CIP)
(Câmara Brasileira do Livro, SP, Brasil)

França, Susani Silveira Lemos
 Peregrinos e peregrinação na Idade Média / Susani Silveira Lemos França, Renata Cristina de Sousa Nascimento, Marcelo Pereira Lima. – Petrópolis, RJ : Vozes, 2017. – (Série A Igreja na História)

 Bibliografia.
 ISBN 978-85-326-5503-5

 1. Idade Média – História 2. Peregrinos e peregrinações 3. Relatos de viagens I. Nascimento, Renata Cristina de Sousa. II. Lima, Marcelo Pereira. III. Título. IV. Série.

17-04463   CDD-263.041

Índices para catálogo sistemático:
1. Peregrinos e peregrinação : Idade Média :
História da Igreja   263.041

Susani Silveira Lemos França
Renata Cristina de Sousa Nascimento
Marcelo Pereira Lima

PEREGRINOS E PEREGRINAÇÃO
NA IDADE MÉDIA

Petrópolis

© 2017, Editora Vozes Ltda.
Rua Frei Luís, 100
25689-900 Petrópolis, RJ
www.vozes.com.br
Brasil

Todos os direitos reservados. Nenhuma parte desta obra poderá ser
reproduzida ou transmitida por qualquer forma e/ou quaisquer meios
(eletrônico ou mecânico, incluindo fotocópia e gravação)
ou arquivada em qualquer sistema ou banco de dados
sem permissão escrita da editora.

CONSELHO EDITORIAL

Diretor
Gilberto Gonçalves Garcia

Editores
Aline dos Santos Carneiro
Edrian Josué Pasini
Marilac Loraine Oleniki
Welder Lancieri Marchini

Conselheiros
Francisco Morás
Ludovico Garmus
Teobaldo Heidemann
Volney J. Berkenbrock

Secretário executivo
João Batista Kreuch

Editoração: Flávia Peixoto
Diagramação: Mania de criar
Revisão gráfica: Nilton Braz da Rocha / Nivaldo S. Menezes
Capa: Felipe Souza | Aspectos
Ilustração de capa: Detalhe de uma miniatura de Lydgate e peregrinos
na estrada para Canterbury, no início do prólogo do Cerco de Tebas –
Atribuído a Gerard Horenbout. c. 1516-1523.

ISBN 978-85-326-5503-5

Editado conforme o novo acordo ortográfico.

Este livro foi composto e impresso pela Editora Vozes Ltda.

Sumário

Apresentação da coleção, 7

1 Peregrinos e centros de peregrinação, 9
Susani Silveira Lemos França

2 Nos passos de Cristo e de seus apóstolos – Relatos de viagem e peregrinações, 73
Renata Cristina de Sousa Nascimento

3 Muito mais do que um modo de "orar com os pés" – As peregrinações jacobeias medievais em textos legislativos e normativos, 131
Marcelo Pereira Lima

Sobre os autores, 211

Apresentação da coleção

A Editora Vozes, com o objetivo de divulgar resultados de pesquisas recentes, frutos de novas problemáticas e leituras desenvolvidas por especialistas brasileiros, criou uma linha editorial intitulada *A Igreja na História*, que, com o presente livro, lança o seu quarto volume.

A coleção está dirigida a vários tipos de leitores. Além do público acadêmico de História, em especial os pesquisadores em formação, busca-se alcançar especialistas de outros campos do conhecimento, como a Teologia, a Sociologia, o Direito, a Literatura e a Antropologia. Sobretudo, almeja-se atingir os interessados que desejam ampliar e/ou aprofundar conhecimentos sobre temas relacionados à Igreja cristã, em suas variadas dimensões, a partir da perspectiva histórica.

Nesse sentido, o conteúdo dos livros objetiva, por um lado, levantar problemáticas inovadoras, apresentar discussões historiográficas e propor interpretações originais e atraentes para o grande público. Esse projeto se integra, portanto, ao grande movimento intelectual que, nas últimas décadas, tem buscado suplantar o isolamento dos saberes especializados, investindo no diálogo da universidade com a sociedade.

Os diversos volumes da coleção trarão sempre uma atenta exposição histórica acerca das temáticas examinadas, acompanhada por uma discussão historiográfica. Ou seja, os livros combinam narração sobre os eventos abordados, reflexão sobre as diversas análises que têm sido desenvolvidas pelos historiadores sobre o tema, apresentando ao leitor as polêmicas interpretativas, e análises sobre as questões levantadas. Dessa maneira, a coleção abre um espaço para a diversidade de pontos de vista, permitindo que o próprio leitor se situe em um patamar crítico e se faça sujeito de suas próprias escolhas em relação aos modos de compreender cada assunto examinado.

A coleção abarcará todos os períodos históricos, da Antiguidade aos nossos dias, mas não se estruturará em uma ordem cronológica linear. O caráter aberto da coleção permite que cada novo título revisite transversalmente no tempo certo aspecto da história da Igreja cristã ou que se concentre em determinado período histórico em sua especificidade, mas sempre em uma ordem livre no interior da série. Alguns volumes poderão constituir obras de um único autor, e outros poderão concentrar ensaios de autores diversos analisando ângulos distintos de um mesmo fenômeno histórico.

A principal meta da coleção é apresentar obras que sejam atrativas para um número maior de interessados, seja por seus recortes temáticos, por dialogar com outros campos do conhecimento além da História e saberes sociais e por gerar discussões tanto no interior da academia quanto para além dos limites da universidade.

1

Peregrinos e centros de peregrinação

Susani Silveira Lemos França

A vida como viagem

Explorar os lugares santos com os pés, os olhos, o coração e as lembranças. Foi assim que ao longo de séculos muitos homens saíram de suas terras de origem em busca de perdão ou de redenção. Exílio voluntário e recomendado, seu alvo era, sem dúvida, sublime: encontrar a si mesmo no caminho rumo a Deus. Movidos pela devoção religiosa, a trajetória que traçam é, em princípio, em busca de compreender sua própria existência[1] e o seu papel no grande plano divino do qual estavam convencidos de que faziam parte: o plano da salvação.

O peregrino, mais do que viajar, subordinava a organização de sua existência à viagem, confundindo esses dois planos – o de existir e o de vagar –, pois buscava não uma simples aproximação dos lugares pisados por Cristo ou consagrados pelos milagres, mas um retorno espiritual à casa de Deus[2]. A crença de fundo que o motivava ao deslocamento

---

1. Cf. OURSEL, R. *Les pèlerins au Moyen Âge* – Les hommes, les chemins, les sanctuaires, sine nomine. Paris: Fayard, 1963, p. 1.

2. WOLFZETTEL, F. *Le discours du voyageur*: pour une histoire littéraire du récit de voyage en France, du Moyen Âge au XVIIIᵉ siècle. Paris: Presses Universitaires de France, 1996, p. 12.

era a de que a terra era um lugar de exílio do povo cristão em marcha para a Jerusalém celeste; crença que fazia ecoar, portanto, uma passagem bíblica de forte apelo para os cristãos: o Êxodo do povo judeu rumo à terra prometida. Espaço e tempo, geografia e história misturavam-se, assim, no percurso desses homens, que entendiam o cosmo como alegoria da casa de Deus[3].

No seu caminho, apesar de se afastar do seu ambiente familiar e se deparar com lugares e povos singulares ou estranhos, o viandante de Deus estava em busca de um outro familiar, o familiar cristão; mais distante geográfica e temporalmente, mas sempre revigorado pela fé. Conhecer os lugares considerados santos, mais do que descrevê-los, demandava, assim, lembrar o que ali tinha se passado: era preciso saber sua história. Como confessará o dominicano Riccoldo de Monte Croce no início do século XIV, seu desejo, ao atravessar o mar para seguir "com os olhos do corpo os lugares que Cristo percorreu com seu corpo", era fixar no seu espírito "a lembrança da Paixão"[4].

O quadro local visitado tinha, assim, algo de sobrenatural, de forma que a concretude dos lugares fazia do passado parte do presente[5]. Cada lugar do roteiro, sacralizado pelas personagens bíblicas ou santas, estava carregado de símbolos que obrigavam o peregrino a ver para além da sua visão imediata, ou seja, com os olhos da alma. Como escreveu o

---

3. TOVAR, J.R. Viajes, mapas y literatura en la España Medieval. In: *Viajes y viajeros en la España Medieval*. Madri: Polifemo, p. 30 [Dir. de Miguel Ángel García Guinea; coord. de Pedro Luis Huerta y José Luis Hernando].

4. Ibid., p. 39.

5. HALBWACHS, M. *La topographie légendaire des Évangiles en Terre Sainte*. Paris: Presses Universitaires de France, p. 3.

referido peregrino: "Quis ver verdadeiramente com os olhos do meu corpo meu Senhor suspenso na cruz, mas não vi senão com os olhos da fé"[6]. Apenas esses eram capazes de ver por detrás do mundo material os indícios de Deus e fazer recordar sempre as experiências passadas dos homens empenhados no plano da salvação.

Mas peregrinar na Idade Média, apesar de certas recorrências, como a associação entre via, viagem e vida humana em busca de Deus[7], não foi uma prática unificada ao longo de séculos; nem com a mesma finalidade, nem realizada por um só tipo de homem, nem, por fim, para o mesmo lugar. Esta que foi uma das manifestações da piedade ou da devoção mais permanentes da nossa civilização, manteve-se justamente porque se reformulou e se adaptou às diversas sociedades que a praticaram e, ao mesmo tempo, ajudou a reformulá-las.

1 Em cada tempo uma peregrinação
Primeiros passos
Entre os séculos IV e VII, o mundo romano foi sendo aos poucos modificado pela migração de povos originários da Europa Setentrional e do noroeste da Ásia; povos muito variados que se misturaram a diferentes populações. Depois do século III, ocuparam o norte da Europa, do Rio Vístula até o Reno, estendendo-se ao sul até o Danúbio. Quando aos poucos foram se misturando aos romanos e se tornando cristia-

---

6. RICCOLD MONTE CROCE. *Pérégrination en Terre Sainte et au Proche Orient.* Paris: Honoré Champion, 1997, p. 69 [Trad. de René Kappler].

7. CONSTABLE, G. Monachisme et pèlerinage au Moyen Âge. In: *Revue Historique*, t. 258, 1977, p. 3-27, esp. 6.

nizados, certas manifestações de devoção começaram a ganhar força, deixando ecoar a convergência de três mundos: o romano, o germânico e o cristão. Os primeiros peregrinos para as terras de onde veio Jesus Cristo – oriundos da sociedade romana ou romanizada, que foi cristianizada, como Jerônimo (347-420), Paula (347-404), o anônimo peregrino de Bordeaux (foi a Jerusalém em 333), Egéria (viagem ao Oriente em torno de 383) e, entre outros, o Arcediago Teodósio (relato em torno de 530) – viajaram conduzidos pela memória da Escritura Sagrada, como sintetiza o relato de Egéria: os lugares "eram-nos mostrados seguindo as Escrituras"[8]. Esses atravessaram a porta para o caminho litúrgico aberta por volta de 330 por Helena – mãe do Imperador Constantino – e saíram em busca de materializar sua fé nas pegadas sobretudo de Cristo, mas sem esquecer dos profetas e dos apóstolos.

No trajeto, as lembranças da Encarnação, da Ressurreição, da Ascensão e de Pentecostes se concretizavam na Basílica de Belém, no Santo Sepulcro, na Basílica do Monte das Oliveiras e na Basílica do Monte Sião. Mas a tal quadro geográfico sacralizado pelos evangelhos se juntavam também outros lugares santificados pelas tradições do Antigo Testamento. No relato do Peregrino de Bordeaux, intitulado *Itinerarium burdigalense*, é traçado um trajeto terrestre de 110 etapas de Bordeaux a Constantinopla e mais 52 de Constantinopla a Jerusalém[9]. Registro de um momento decisivo para a his-

---

8. *Egéria* – Viagem do Ocidente à Terra Santa no século IV. Ed. de Alexandra B. Mariano e Aires A. Nascimento. Lisboa: Colibri, 1998, p. 79 [Ed. de Alexandra B. Mariano e Aires A. Nascimento].

9. CHAREYRON, N. *Les pèlerins de Jérusalem au Moyen Âge*. Paris: Imago, 2000, p. 29.

tória do cristianismo, na sequência da conversão de Constantino, ele exprime um movimento de definição de uma memória topográfica em que os lugares dos acontecimentos do Evangelho se misturam àqueles do Antigo Testamento[10]. O célebre relato de Egéria é especialmente ilustrativo desse momento: "são lidas as leituras e são ditos os hinos para mostrar a todo o povo que tudo o que os profetas previram acerca da Paixão do Senhor se demonstra – quer através dos evangelhos, quer pelos escritos dos apóstolos – que teve concretização"[11]. A partir desse momento, pois, as viagens passaram a ser guiadas por regras específicas e prescrições morais, visando o aperfeiçoamento espiritual e o despojamento de interesses profanos. Em outras palavras, tendo em vista uma aproximação efetiva de Deus, os deslocamentos passaram a ser vistos como um exercício de ascese e de mortificação, e por vezes até de martírio[12].

Um pouco mais adiante, entre os séculos VII e XI, os costumes e valores germânicos começaram a pesar sobre as práticas de devoção correntes. Peregrinar passou, então, a congregar uma tripla função: alcançar ou presenciar milagres; venerar relíquias e enfrentar perigos em nome da fé. No relato de Adomnan, abade beneditino do século VII do mosteiro irlandês de Iona[13], que diz ter escrito a partir do que ouviu do bispo gaulês Arculfo, três passagens sobre milagres dão a medida dos novos elementos de atração dos homens de fé.

---

10. HALBWACHS. *La topographie...*, p. 48.

11. *Egéria...*, p. 223.

12. Cf. GRABOÏS, A. *Le pèlerin occidental en Terre Sainte au Moyen Âge*. Paris/Bruxelas: De Boeck & Larcier, 1998, p. 23-24. • SIGAL, P.-A. *Les marcheurs de Dieu*. Pèlerinages et pèlerins au Moyen Âge. Paris: Armand Colin, 1974, p. 6.

13. Relato que, no século VIII, foi registrado por Beda.

Além do apreço pelas relíquias, em especial a preciosa relíquia do Santo Sudário, a narrativa do peregrino a Jerusalém inclui três situações em que intervém o poder miraculoso de Deus em Constantinopla. Em uma delas, um pecador, depois de tentar destruir a imagem do santo confessor Jorge, converte-se ao ver seus dedos afundados no mármore. Em outra, a promessa não cumprida de um soldado a esse santo resulta na imobilização do seu cavalo. E, na última, de um quadro de Maria atacado por um judeu e recuperado por um cristão brota um óleo curativo que reverte todos os males. Tais histórias, que vieram a rechear os relatos sobre a visita aos lugares santos, ilustram, pois, como os elementos sobrenaturais passaram a fazer parte do universo do peregrino. Se Egéria tinha se fixado, com obediência e humildade, nas Escrituras e nos atos litúrgicos em Jerusalém, o Arculfo do relato de Adomnan promove as peregrinações também por meio de histórias que denunciam o potencial maravilhoso, no presente, dos lugares sagrados do passado.

No século VIII, quando a influência islâmica em Jerusalém já era efetiva, outro peregrino veio traduzir as expectativas dos homens do seu tempo sobre os desafios e perigos de viajar para os lugares santos, o que engrandecia ainda mais aqueles que partiam. No relato que foi fixado, por dois anônimos, a partir de seu depoimento, o saxão Willibald narra, além das comuns referências aos perigos das vias terrestres e às ameaças de doenças, os riscos vividos por ele e seus companheiros no encontro com os sarracenos[14]. Apesar de reinar

---

14. Vie ou plutôt pèlerinage de Saint Willibald (VIIIᵉ siècle). In: RÉGNIER-BOHLER, D. (dir.) *Croisades et pèlerinages*: récits, chroniques et voyages en Terre Sainte XIIᵉ-XVIᵉ siècle. Paris: Laffont (Bouquins), 1997, p. 905 [Trad. de Christiane Deluz].

certa segurança, pairavam suspeitas sobre os cristãos, especialmente em razão das conquistas muçulmanas e da condição de estrangeiros que os peregrinos gozavam. Willibald e seus companheiros são detidos como espiões e socorridos por um mercador e por um espanhol. O quadro agrava-se no século IX com os conflitos dinásticos no Império Islâmico e o estabelecimento do Califado Fatímida no Egito, em concorrência com o Abássida. A Palestina tornou-se, então, palco de devastações, e a prática das peregrinações individuais, em busca da salvação, tornou-se excessivamente arriscada, estimulando, assim, os deslocamentos coletivos.

Geralmente anônimos, esses viajantes do século IX ao XI queriam apenas partir, e não propriamente chegar a um lugar preciso, dada sua vocação monástica e eremítica. Nos seus horizontes estava não apenas o encontro espiritual com Cristo, mas também uma forma de concretização da sua devoção, a busca de relíquias, e, na sombra dos seus medos, a expectativa do juízo final[15]. Ilustrativo desse período, no qual a tradição veterotestamentária tem também um maior peso na composição da geografia sagrada, é o relato de Bernardo o Monge, do Monte Saint-Michel, em torno de 865. Destaca-se este principalmente por esmiuçar, além da "grande angústia" vivida no mar pelos viajantes diante dos ventos contrários[16], as tribulações vividas pelos peregrinos. Na Romênia, por exemplo, a presença de ladrões e saqueadores obrigava os que queriam ir ao túmulo de São Pedro a não se deslocar

---

15. SIGAL. *Les marcheurs...*, p. 9.

16. BERNARD, LE MOINE. Itinéraire de Bernard, moine franc (IXᵉ siècle). In: RÉGNIER-BOHLER. *Croisades...*, p. 926.

senão em "grupo e armados"[17]. Boa parte das inseguranças era devida às disputas entre o Califado de Bagdá, o Império Bizantino e o Império Franco. Além disso, o controle e as taxações do trânsito por parte das autoridades muçulmanas impunham limites e condições para a viagem, constrangendo o peregrino, como o monge bretão ou normando, a se limitar a visitar Jerusalém e Belém.

Em busca de relíquias, de cumprir penitência, de cura ou simplesmente por motivos devocionais, as peregrinações, entre os séculos IX e XI, ganharam substantivo impulso, graças à conversão da Hungria e à possibilidade de seguir por terra[18]. As peregrinações já tinham se tornado de tal forma cotidianas, que o Concílio de Chalon-sur-Saône criticou tanto os ricos (leigos ou eclesiásticos) pelas cobranças abusivas sob a alegação de peregrinação quanto os pobres por usarem o pretexto da peregrinação para vagabundarem e mendigarem[19]. Mas as censuras desses não enfraqueciam uma motivação que então se destacava: cumprir penitência. Entre os célebres penitentes estavam o Conde Teodorico de Trier (peregrinou em 1066 ou 1073), o Conde Conrado I de Luxemburgo (ca. 1040-1086) e o Conde de Anjou Foulques Nerra (?972/984-1040), mas os anônimos eram em número muito maior. Muitos acreditavam na peregrinação como penitência e principalmente como garantia para o perdão dos pecados; alguns peregrinaram por imposição eclesiástica ou

---

17. Ibid., p. 927.

18. RICHARD, J. *Histoire des Croisades*. Paris: Fayard, 1996, p. 29. • SIGAL. *Les marcheurs...*, p. 95-96.

19. WEBB, D. *Pilgrims and Pilgrimage in the Medieval West*. Londres/Nova York: I.B. Tauris, 2001, p. 14.

de outra autoridade, outros se autoimpuseram viajar como penitência ou simples devoção[20].

Viajava-se, pois, por piedade, arrependimento ou castigo, e um mesmo peregrino podia partir por diferentes motivos, como foi o caso de Foulques Nerra. Suas três viagens a Jerusalém, em 1003, 1010 e, no final de sua vida, em 1038 ou 1039, são marcadas ora pelo medo do inferno, em razão das crueldades cometidas, ora pela busca de relíquias[21]. Para expiar seus pecados, outro célebre peregrino foi o Duque Roberto I da Normandia (1010-1035), que partiu em razão da culpa pela morte do seu irmão Ricardo III. E o referido Teodorico de Trier, que peregrinou na segunda metade do século XI, movido por remorso pela morte do Bispo Conrado (ou Cuno)[22]. A veneração pela Terra Santa, pois, ficou atestada por esse fluxo de homens que não temeram nem mesmo a morte para tentar seguir os passos de Cristo e se mostrarem piedosos.

Viajar e defender

A esses sentidos dados às peregrinações, já então coletivas, veio se juntar um agregado de mais substantiva dimensão: a Cruzada. Do século XII ao XIII, as expedições missionárias e armadas são o distintivo das viagens a Jerusalém, mas as práticas individuais foram retomadas graças a essas. A Cruzada apresenta-se como uma espécie de prolongamento da peregrinação ou uma forma desta. As dificuldades do cami-

---

20. Ibid., p. 15-16.

21. COMTE D'ANJOU. *Histoire de Foulques Nerra*. Paris: J.B. Dumoulin, 1874, cap. XI, p. 45-47 e cap. XIII, p. 53.

22. WEBB. *Pilgrims...*, p. 16.

nho fazem sobressair também o caráter penitencial dessas viagens de homens armados, que sonhavam obter a remissão dos seus pecados. Resultado de um empenho coletivo dos povos do Ocidente para ampliar a Cristandade e recuperar seus lugares sagrados, a ideia de que poderia ser a última viagem era, nessas expedições, ainda mais forte[23]. Atraente e perigosa, o que a movia era o desejo de revanche contra os turcos vencedores da Batalha de Manziquerta – entre os impérios Bizantino e Seljúcida em 1071 – e o sonho difuso de instaurar na Terra Santa o Reino de Deus[24]. Já não é a retomada bíblica do Êxodo que impele os peregrinos, como nos séculos anteriores, mas o desejo de conquista militar da Palestina.

Em busca da Terra Prometida, os cruzados tinham nos seus horizontes a defesa da Cristandade e, com a reconquista de Jerusalém pelas armas, paradoxalmente, a garantia da paz de Deus[25]. Em um momento em que, através de concílios e medidas papais, se procurava controlar a violência dos cavaleiros, a Cruzada surgia como uma "instituição de paz" a ter lugar no Oriente[26]. O convite para a missão tinha partido do Papa Urbano II, que alegava a necessidade de socorrer os cristãos do Oriente, e não propriamente, como alguns historiadores defenderam, combater os sarracenos, ainda identificados pelos ocidentais em geral como simples "pagãos", e não como fiéis concorrentes dos cristãos[27]. A exortação de Urbano

---

23. SIGAL. *Les marcheurs...*, p. 10.

24. PORTELA, F.N. *Voyageurs au Moyen Âge.* Paris: Imprimerie Nationale, 2007, p. 127.

25. SIGAL. *Les marcheurs...*, p. 11.

26. RICHARD. *Histoire des Croisades*, p. 32-33.

27. Ibid., p. 35.

II aos cavaleiros no Concílio de Clermont de 1095, registrada de variadas formas por testemunhas e cronistas[28], entre os quais Roberto o Monge, era para que tomassem "o caminho do Santo Sepulcro, arrancassem o lugar das mãos desses povos abomináveis e o submetessem" ao poder dos cristãos[29].

O cruzado, à semelhança do peregrino, gozava de um estatuto especial ao tomar a cruz. Vislumbrava a indulgência, ou seja, a remissão das penas temporais, bem como a diminuição da penitência; além disso, tinha garantida a proteção contra as agressões armadas e usufruía da isenção de impostos e de privilégios de foro[30]. Sua viagem, como a daqueles que partiram antes, tinha como alvo Jerusalém, de forma que apenas mais tarde, no século XIII, foi possível distinguir aqueles que viajavam por devoção e os que viajavam para defender a Terra Santa[31]. Nessa altura, nomeadamente entre os séculos XII e XIII, quando os conquistadores da Terra Santa concentraram seus esforços no combate aos muçulmanos e na criação de estruturas do reino latino de Jerusalém, aos poucos começaram a se distinguir: aos cruzados ficava reservada a defesa da fé cristã; aos peregrinos as suas rezas e devoções, inclusive individuais, nos lugares santos[32]. As divergências entre eles, em especial a condenação dos peregrinos aos cruzados por suas práticas pouco devotas e indignas, distinguiram-nos e até os colocaram em confronto. Os peregrinos

---

28. Ibid., p. 33-34.

29. ROBERT, LE MOINE. Histoire de la première croisade. In: GUIZOT, M. *Collection des mémoires relatifs a l'histoire de France*. Paris: Briére, 1824, p. 304.

30. SIGAL. *Les marcheurs...*, p. 11.

31. Ibid., p. 12.

32. GRABOÏS. *Le pèlerin...*, p. 39.

se afastavam do presente e tinham os olhos sobretudo voltados para o passado sagrado; os cruzados estavam por demais ocupados com as coisas mundanas, mas consideravam sua viagem mais meritória. Uns e outros, entretanto, contemplavam a possibilidade de cumprir penitência, pois a viagem a Jerusalém tanto alimentava a piedade do peregrino – através do acesso aos lugares carregados de memória sagrada e crística – quanto servia de penitência. Como confessa Thietmar, frade menor que peregrinou em 1217: "Eu, pelo perdão dos meus pecados, armei-me do signo da cruz e deixei minha casa, com meus peregrinos"[33].

Ainda no século XIII, peregrinos mais cultos, conhecedores das coisas espirituais, mas interessados igualmente nas profanas, ganhavam a estrada[34]. E, nos séculos seguintes, XIV e XV, depois que o reino latino de Jerusalém sucumbiu (1291), os peregrinos tiveram suas condições de trânsito e estabelecimento totalmente ameaçadas, seu número diminuiu, mas ainda assim a prática continuou louvada – como ilustram os relatos de viagens à Terra Santa que nos foram legados, testemunhais ou compilações. O paradoxo explica-se, em grande parte, pelo aumento dos visitantes letrados[35]. Clérigos ou leigos, eles se tornaram mais diversificados do que seus antecessores, e seus interesses se estenderam para além dos lugares santos, trazendo mais sabor aos relatos.

---

33. THIETMAR. Le pèlerinage de Maître Thietmar. In: RÉGNIER-BOHLER. *Croisades...*, p. 932 [Trad. de Christiane Deluz]. • THIETMAR. Pilgrimage. In: PRINGLE, D. *Pilgrimage to Jerusalem and Holy Land*, 1187-1291. Burlington: Ashgate, 2012, p. 95.

34. CHAREYRON. *Les pèlerins...*, p. 13.

35. Ibid., p. 45.

Esses viajantes, inspirados pelo ideal de imitação de Cristo e pelo espírito de conquista herdado dos cruzados, não apenas enumeravam os lugares santos – como os guias de viagem em latim até o século X –, mas introduziram as nuances que estavam ao redor do sagrado[36]. Sem perder de vista o Novo Testamento e os evangelhos, os peregrinos que registraram suas experiências se mostraram atentos igualmente às gestas envolvendo seus antecessores, deixando pistas sobre suas aspirações individuais e seu gosto pelas coisas profanas[37]. Elementos legendários e miraculosos[38], a descrição do campo físico dos lugares para além dos sagrados e a diversidade das feições, feitios e costumes das populações com as quais se deparam deram cor aos escritos[39].

A partir sobretudo do século XIV, os relatos de viagem deixaram transparecer a crescente aceitação por registrar a diversidade humana encontrada nos locais de peregrinação. As viagens de então deixaram de ser meramente votadas a reafirmar as verdades eternizadas pelo cristianismo a partir da visita aos lugares santos e se tornaram viagens de reconhecimento de lugares e gentes. O que antes se concebia como pecado passou gradualmente a ser tomado como uma possível virtude[40], abrindo espaço para que os conhecimentos geográficos fossem ampliados. Nessa altura, tanto podemos

---

36. WOLFZETTEL. *Le discours...*, p. 14.

37. CHAREYRON. *Les pèlerins...*, p. 14. • WOLFZETTEL. *Le discours...*, p. 14.

38. GRABOÏS. *Le pèlerin...*, p. 28.

39. Michel Mollat considera que o século XIII é marcado por um clima de curiosidade. • MOLLAT, M. *Les explorateurs* – Du XIIIe au XVIe siècle. Paris: C.T.H.S., 1992, p. 18.

40. HOWARD, D.R. *Writers & Pilgrims* – Medieval Pilgrimage Narratives and their posterity. Berkeley/Los Angeles/Londres: University of California Press/A Quantum Book, 1980, p. 106.

encontrar relatos em que o alvo anunciado era uma causa religiosa quanto outros em que o interesse pela diversidade humana se impunha. Não surpreende, pois, que o bispo de Saintes Louis de Rochechouart, peregrino que relata sua viagem de 1461, com atenção especial para os problemas políticos do Oriente Mediterrânico, relate que os "sarracenos não usam calças, pois lavam sempre a natureza"[41]. Ou o florentino Leonardo Frescobaldi, que, em 1384, viajou com Giorgio Gucci e Simone Sigoli, e além de falar das igrejas, relíquias e cerimoniais, conferiu especial atenção aos costumes do Oriente. Entre suas curiosas observações, mencionou a forma de habitação dos árabes que viu nas proximidades do Monte Sinai. Esses, descreve ele, "não têm casa, mas sim cavernas nas rochas, e não têm utensílios". Detalhou, inclusive, a forma como preparavam essa habitação a partir de arcos fixados no chão e, ainda, como a família, com seus animais, se organizava sob essa tenda[42].

2 Viandantes de Deus[43]: quem eram e de onde vinham

Por terra ou pela água, a cavalo ou a pé, peregrinar se confundia com realizar uma longa viagem. Busca de um alhures, mas também da pátria perdida – o Reino dos Céus –, a viagem devocional carregava perigos materiais, traduzidos nas dificuldades e obstáculos do percurso, e espirituais, as tentações que podiam levá-lo a desviar-se do seu alvo: reite-

---

41. O termo aqui se refere às partes genitais. LOUIS DE ROCHECHOUART. Journal de Voyage à Jérusalem. In: RÉGNER-BOHLER. Croisades..., p. 1.166 [Trad. de Béatrice Dansette].

42. FRESCOBALDI, L.; GUCCI, G. & SIGOLI, S. Visit to the holy places of Egypt, Sinai, Palestine and Syria in 1384. Jerusalem: Franciscan, 1948, p. 57-58.

43. Expressão de Sigal.

rar a história divina e ultrapassar o plano terreno[44]. Vontade, voto e penitência foram as motivações que mais persistiram ao longo dos séculos e que conduziram homens vindos de várias partes e de vários meios.

Tal como seus fins se modificaram, como vimos, igualmente seu perfil se modificou do século IV até o XV. Ao longo do tempo, é possível, sem dúvida, notar que persiste a atração principalmente pelo lugar onde Deus se revelou e abriu a porta da salvação eterna, Jerusalém[45], mas os que viajaram não eram os mesmos nem observavam as mesmas coisas.

A aristocracia romana rumo aos lugares santos

Entre os séculos IV e VII, quando o legado romano ainda se mostrava forte, peregrinos de origem aristocrática foram os mais habituais viajantes, mas deles nem sempre se sabe muito. Depois que, por volta de 160, um dos Pais da Igreja, Militão de Sardes (?-177), esteve na Terra Santa em busca dos lugares sacralizados pela Bíblia, e depois que, em 330, a mãe do imperador romano que pôs fim às perseguições aos cristãos, Helena, foi à Palestina para dar materialidade aos princípios propostos no primeiro Concílio de Niceia (325)[46], uma nova porta para a devoção foi aberta. Esses grandes nomes da fé cristã ainda não eram peregrinos em sentido estrito, mas, sem dúvida, empenharam-se em estabelecer uma rota.

Dos que se seguiram – do anônimo que ficou conhecido como Peregrino de Boudeaux – nada se sabe, apenas se

---

44. WOLFZETTEL. *Le discours...*, p. 12.

45. Ibid.

46. Realizado na cidade da Bitínia e convocado por Constantino I, foi a primeira tentativa de estabelecer, em assembleia, consenso em torno de certos princípios da fé.

supõe pelos indicativos do relato da viagem de 333, que se tratava de um funcionário imperial com privilégio para circular pelas vias romanas[47]. Também se supõe que possa – a despeito de ter viajado – ter apenas compilado seu relato de outros anteriores – o itinerário de Antonin, uma compilação de traduções judaicas e um texto de origem cristã – ou ainda que seja um judeu convertido ao cristianismo. Diante das incertezas sobre o viajante, uma coisa é certa: seu relato é o mais completo entre os legados pelos peregrinos antigos.

Pouco mais de uma década depois, em 350, uma carta transmitida sob o nome de Atanásio, bispo de Alexandria, de 328 a 373, vem reafirmar que os homens da aristocracia romanizada eram os que se ocupavam das peregrinações ou peregrinavam. Esse Doutor da Igreja enfatiza apenas os lugares santos mais importantes de Jerusalém e Belém, incluindo lições espirituais para garantir o não desvio dos peregrinos dos lugares santos[48]. Outro peregrino igualmente notável, o Padre da Igreja Gregório de Nissa, foi outro que, em missão à Província da Arábia encomendada no Concílio de Constantinopla de 381, passou por Jerusalém, mas só mais tarde escreveu uma carta sobre a possibilidade de monges e monjas peregrinarem a Jerusalém.

Entre os que nos deixaram registros há uma mulher, Egéria. Em razão de seu relato ter sido preservado apenas em parte, sem os capítulos iniciais nos quais em geral temos acesso a informações acerca do peregrino, nada sobre ela é certo. O nome Egéria surge somente em uma carta de um

---

47. MARAVAL, P. *Récits des premiers pèlerins chrétiens au Proche-Orient (IVe-VIIe siècle)*. Paris: Du Cerf, p. 11.

48. MARAVAL. *Récits...*, p. 43.

monge galego do século VII, Valério do Bierzo, que provavelmente teve acesso ao manuscrito mais completo. Mas as informações sobre o nome não contribuem para esclarecer sobre sua proveniência, deduzida de uma expressão vaga do bispo de Edessa de que ela seria dos "confins do mundo", confins interpretados como Galícia, Gália Meridional ou Normandia. Sobre sua origem social, iguais incertezas levam a suposições, mas o próprio fato de ter tido meios para viajar indica que se tratava de uma grande senhora, cuja posição lhe garantia ser bem-recebida pelos bispos e monges. Não se pode afirmar que fosse uma virgem de alguma comunidade de mulheres ou uma aristocrata atraída pela vida ascética e monástica, mas independentemente do que tenha sido, seu escrito lhe garantiu o *status* de peregrina modelo, ou seja, devota exemplar, apesar de não ter se desinteressado totalmente pela paisagem e pelas condições dos lugares[49].

De origem semelhante aos demais, nobre e rica, Jerônimo, condutor espiritual de mulheres da aristocracia romana, é outro que vem engrossar o rol dos homens ilustres que ajudaram a engrandecer as peregrinações e os peregrinos. Seu relato, entretanto, é em terceira pessoa; pois, apesar de ter seguido junto para Jerusalém em 385, narra a peregrinação de Paula e sua filha Eudóxia. Os saberes elevados desse Doutor da Igreja, nascido em Stridon, ficam claros, na carta escrita vinte anos depois da peregrinação, pela forma como conjuga a referência a lugares pouco conhecidos, a construção à distância da peregrinação, sua ligação com a obra de Orígenes (ca. 185-ca. 254, estudioso da Bíblia originário do Egito) e a

---

49. Ibid., p. 56.

oscilação entre a exaltação às peregrinações e a crítica ao que viu na Palestina[50]. Como a peregrinação de Paula, também é contada por outro, um discípulo chamado João Rufus, a história da peregrinação do príncipe georgiano Pedro o Ibérico, que, depois de enviado como refém a Constantinopla em 437 ou 438, foi a Jerusalém. E não se pode deixar de mencionar os peninsulares ibéricos: o Presbítero Avito (início do século V), Paulo Orósio (ca. 385-ca. 420) e Idácio, bispo de Chaves (ca. 395-depois de 468)[51].

Entre compilações e relatos de peregrinações efetivadas, o século VI é ainda marcado, como os anteriores, por registros provenientes da aristocracia – eclesiástica e, em menor, escala leiga – alimentada pela cultura clássica. Um deles é o manuscrito, posterior a 518, cujo autor não é denominado, mas que foi conhecido sob o nome de Theodosius, provavelmente arcediago ou diácono[52]. Um outro manuscrito legado é sobre a viagem do peregrino de Plaisance (560-570), cujo autor é igualmente desconhecido, mas cuja condição abastada pode ser deduzida da referência a uma oferta de ouro a um mosteiro de mulheres por um de seus companheiros, João de Plaisance. E o último do século VII a ser mencionado é aquele escrito pelo abade do Mosteiro de Iona a partir das lembranças do peregrino Arculfo, bispo gaulês. Em uns e outros relatos desses homens que gozavam de algum tipo de prestígio, gosto pelas relíquias, descrição dos locais,

---

50. Ibid., p. 143.

51. MARQUES, J.M. Peregrinos e peregrinações medievais do Ocidente Peninsular nos caminhos da Terra Santa. In: *Estudos em homenagem a João Francisco Marques*. Porto: Faculdade de Letras do Porto, 2001, p. 105-109.

52. MARAVAL. *Récits...*, p. 185.

inclusão de legendas, mais ou menos conhecimento bíblico são as principais marcas dos registros de suas viagens ou das viagens daqueles que acompanharam ou de quem ouviram as recordações.

O tempo dos monges peregrinos

Entre os séculos VII e VIII, aqueles que principalmente tomaram a estrada e, diretamente ou por intermédio de outrem, deixaram por escrito suas recordações foram monges de origem germânica e de família nobre, e alguns deles vieram a se tornar santos. Houve também grupos que se juntaram a um personagem eclesiástico ou leigo do seu país de origem[53]. Quando as inseguranças no Oriente Próximo se agravam em razão, como vimos, das disputas internas no interior do Império Islâmico, seguiram em grupo esses que ficaram em sua maioria anônimos. Podiam vir de várias partes, mas peregrinar mostrava-se mais popular entre os monges irlandeses e anglo-saxões. Do reino anglo-saxão de Wessex, além de Bonifácio (ca. 673-754)[54], o citado Willibald esteve entre os que viajaram com o desejo de conhecer o berço do cristianismo; porém, as hagiografias ou *vitae* (vidas) dos santos insulares fazem referências a vários que aspiraram viajar em nome de Cristo[55].

Os leigos também – como o conde carolíngio Ratherius (ca. 890-974), de Liège – podiam seguir; porém, os monges eram os principais peregrinos, pelo que se deduz das hagiografias. A de São Columba, feita por Adomnan de Iona (627-

---

53. GRABOÏS. *Le pèlerin...*, p. 31. ● CONSTABLE. Monachisme..., p. 8.

54. WEBB. *Pilgrims...*, p. 11.

55. CONSTABLE. Monachisme..., p. 8.

704), por exemplo, chega mesmo a mencionar a recusa de Columba de dois leigos para uma peregrinação de um ano[56]. Voluntários, penitentes ou missionários, a peregrinação era sempre de alguma forma entendida como expiação dos pecados, fosse de cada um, fosse o pecado original, que marcava a existência de todos. Beda o Venerável (ca. 673-735), monge inglês autor da célebre *Historia ecclesiastica gentis anglorum* (História eclesiástica do povo inglês) e vários outros escritos, incluindo vidas de santos, faz várias referências ilustrativas de como as viagens de monges, fora da sua pátria e para lugares santos desde o século VI, conjugavam as funções de peregrinar e evangelizar. Entre os que são citados por ele estão o nortumbriano Benedito Biscop (ca. 627-689), abade de São Pedro em Canterbury, que realizou cinco viagens a Roma e que, segundo o monge, por ter viajado, mereceu a recompensa de Cristo[57]. Para levar vida de peregrino para onde tivesse oportunidade de ir, São Fursa é outro citado entre aqueles que já no século VII viram na viagem uma forma privilegiada de piedade, mesmo que não fosse propriamente para Jerusalém; ele parou em East Anglia por volta de 630. Santo Egberto (ca. 639-729), por sua vez, fez voto de não voltar à Inglaterra quando se viu diante da morte, e por isso foi para a Irlanda viver como peregrino e "ganhar o Reino do Céu"[58].

O monge franco, beneditino de Fulda, Walafrid Strabon (ca. 808-848), na *vita* de Saint Gall, também deixa claro o lugar da peregrinação entre os irlandeses. Sobre esse seu hábito

---

56. Cf. CONSTABLE. Monachisme..., p. 9.

57. *Bede's ecclesiastical history of England*. Londres: George Bell and Sons, 1907, p. 258 [Rev. da tradução, introdução e notas de A.M. Sellar].

58. Ibid., p. 205.

de partir, chega mesmo a dizer que tinha se tornado "quase natural"[59]. Prática que é atestada por outras referências posteriores, como na *vita* de São Dunstan (909-988), abade de Glastonbury, escrita pelo monge beneditino Osbern (ca. 1050-ca. 1090), na qual o narrador reafirma o caráter quase natural da prática entre os monges insulares[60]. Mas o hábito também era apreciado entre os monges continentais, como Ansgar (ca. 801-865), monge da Abadia de Corbie, que partiu em missão de conversão para o norte. Segundo Rimbert (830-888), um deslocamento que fez para pregar o Evangelho[61].

Outros monges deixaram mais claro o lugar da devoção manifesta na visita a lugares santos e no ascetismo do caminho, e não confundida com a intenção missionária, como alguns dos citados fazem. Nesses tempos em que a Palestina estava nas mãos de um império, o Abássida, que em meados do século IX já se via abalado e em processo de fragmentação, Bernardo o Monge, lega-nos ricas informações sobre as disputas entre o Califado de Bagdá, o Império Bizantino e o Império Franco. De que mosteiro era originário, nada se sabe; mas que partiu por volta de 870 com um companheiro vindo provavelmente de São Vicente de Benevento, na Itália, e com outro vindo da Espanha, é sabido[62]. Tal comitiva, pois, dadas

---

59. Vitae Galli Auctore Walahfrido. Liber II. In: *Monumenta Germaniae Historica*. T. IV. Hannover/Leipzig: Impensis Bibliopolii Hahniani, 1902, p. 336, 46.

60. *Memorials of Saint Dunstan Archbishop of Canterbury*. Londres: Longman et al, 1874, p. 74 [Ed. de William Stubbs].

61. ROBINSON, C.H. *Anskar – The Apostle of the North* (801-865). Londres: The Society for the propagation of the gospel in foreign Parts, 1921, p. 42 [Trad. de Vita Anskarii et al.].

62. L'Itinerarium Bernardi Monachi et les pèlerinages d'Italie du Sud pendant le haut-Moyen-Âge. In: *Mélanges d'Archéologie et d'Histoire*, t. 79, 1967, p. 269-298, esp. p. 270-271.

as inseguranças na região da Terra Santa, denunciam como homens de origens diversas se juntavam para peregrinar.

As referências hagiográficas dispersas desvelam ainda que os peregrinos até o século X, apesar do protagonismo do norte e das ilhas, concorriam dos mais diversos lugares da Europa, Itália, França, Alemanha e, um pouco menos, da Península Ibérica[63]. Entre os séculos X e XI, graças à conversão da Hungria ao cristianismo e ao trabalho do Rei Estêvão I (ca. 975-1038) para tornar segura a rota de Constantinopla, a prática das peregrinações ganhou impulso. Grandes personagens tomaram a estrada rumo a Jerusalém: abades, bispos, condes e viscondes, prelados, fundadores de mosteiros e vários outros homens ricos ou pobres deixaram seus lugares de origem por uma motivação qualquer. Entre as notícias de viagens de peregrinação citadas no item anterior, como a do Conde Teodorico de Trier, o Conde Conrado I de Luxemburgo, o Conde de Anjou Foulques Nerra e o Duque Roberto I da Normandia, vale lembrar ainda: de Bolonha, do Mosteiro Beneditino de Santo Stefano, a de Bononio (?-1026) e sua viagem de barco a Jerusalém juntamente com Pedro, bispo de Vercelli, na Itália; do sudoeste da França, da Abadia de São Miguel de Cuxa, a viagem de Guarin (século X); de Praga, do Bispo Adalberto (ca. 956-997); do nordeste da França, de Chalôns-sur-Marne, a do abade de Montier-en-Der, Adso (?-992); e, ainda, da Normandia e de mosteiros, vilas e condados, como Flavigny, Constança, Perigord e Arcis, para citar apenas alguns.

De diversas regiões e condados europeus há igualmente notícias de peregrinos que partiram em nome da fé para Je-

---

63. MARQUES, J.M. Peregrinos...

rusalém ou Roma, mas ainda assim não se pode dizer que essas grandes viagens fossem comuns, pois mais frequentes eram as de curta distância, regionalizadas[64]. No período Pré- -cruzadas, os viajantes continuam a vir de várias plagas. Para além do citado Conde de Anjou, Foulques Nerra, há notícia de um visconde de Limoges, de um conde de Rouergue, um bispo de Périguex, um conde de Angolema, um bispo de Auxerre, um duque da Normandia e outros personagens importantes. Também há notícia, deixada pelo cronista Adhemar de Chabannes, de que, no ano de 1026 em Verdun, 700 peregrinos, de origem geográfica muito diversa, se reuniram para pegar a estrada e já não o mar rumo a Jerusalém. Prelados, bispos, abades e fundadores de mosteiro também tomaram a estrada. Vinham do Monte Saint-Michel, de Liège, de Cambraia, de Bamberga, de Mainz (Mogúncia), de Ratisbonne e de Utrecht. E partiram igualmente leigos vindos de Barcelona, de Luxemburgo, da Holanda, da Flandres, de Toulouse, de Borgonha; em suma, grandes homens que puderam se dar a esse tipo de devoção de custo elevado. Todavia, não se pode dizer que eram apenas esses, pois os indicativos são de expedições numerosas formadas por uma leva de humildes; exceção eram aqueles que preferiram ir sozinhos ou com apenas um companheiro, pois o recomendado era que fossem em grupo[65]. E, a partir de 1010, surge nos seus horizontes um caminho por terra, pelo Vale do Danúbio e através da Ásia Menor, rumo a Antioquia e Jerusalém.

---

64. WEBB. *Pilgrims...*, p. 16.

65. LABANDE, E.-R. Recherches sur les pèlerins dans l'Europe des XIᵉ et XIIᵉ siècles. In: *Cahiers de Civilisation Médiévale*, 1ᵉ année, n. 3, 1958, p. 339-347, esp. p. 340.

Peregrinos armados

Do século XI ao XII, os peregrinos ganham nova roupagem. As notícias que nos foram legadas apontam que, apesar de haver certa tensão entre o ideal monástico e o uso da espada, os cavaleiros, homens de armas, sem mudar seu estilo de vida, encontraram espaço para exercitar a prática devota da peregrinação[66]. Ao lado dos monges, bispos, prelados e leigos desarmados, os cruzados, alçados em defensores da Terra Santa pelo Papa Urbano II, encontraram sua singular forma de peregrinar, ampliando, assim, o campo da devoção por meio da visita à Terra Santa. Não apenas desejosos de seguir os passos de Cristo e dos santos, mas também comprometidos em expandir o território cristão e, talvez especialmente, motivados pela ideia difusa de que em Jerusalém seria o lugar da segunda aparição de Cristo[67], aqueles primeiros peregrinos armados foram barões, e os principais tinham vínculos reais. Vinham da França, da Normandia, do Vale do Loire, do Languedoc, da Itália do sul. E não partiam desprevenidos financeiramente; ao contrário, preparavam-se, recolhendo substantivas somas de moeda, penhorando bens e até vendendo pertences, terras e direitos.

Conduzidos pelo bispo de Puy, Ademar de Monteil, o filho Roberto, de Guilherme o Conquistador, estava entre eles. Além desse duque, entre os principais havia: Raimundo de Saint-Gilles, Conde de Toulouse; Godofredo de Bulhão, Duque da Baixa Lorena, seus irmãos, e Roberto II da Flandres; Boemundo de Taranto; Hugo I de Vermandois, irmão

---

66. WEBB. *Pilgrims...*, p. 20.
67. RICHARD. *Histoire des Croisades*, p. 39.

de Filipe I da França; e Estevão de Blois, casado com a filha do mesmo Guilherme o Conquistador. Seguiam todos com seus cavaleiros, de origem provençal, normanda da Itália do sul, flamenga e do norte da França, aos quais depois se juntaram lombardos, burgúndios, bávaros, aquitanos e outros. Em suma, viajavam com vassalos não tão abastados, mas que se dispunham a acompanhar seus senhores de principados feudais. E uns e outros, vassalos e senhores, não podiam desdenhar das exortações do Papa Urbano II quanto à necessidade de sofrer em "nome de Cristo". Como veio a sintetizar um relato anônimo, quando se espalharam as exortações do papa, "pouco a pouco por todas as regiões e províncias da Gália, os francos, ouvindo suas palavras, começaram prontamente a costurar as cruzes sobre o ombro direito, dizendo que queriam unicamente seguir as pegadas de Cristo"[68].

Outros sucederam a esses primeiros nessa nova via da salvação que se abria aos cavaleiros. Para enfrentar, entretanto, sem apoio bizantino, um Islã marcado pela ressurgência sunita, apoiado pela força turca e comandado por homens como Nûr al-Dîn, Saladino ou Baîbars, as exortações de Bernardo de Claraval (1090-1153) precisaram ser persuasivas e conclamando a união de príncipes ocidentais divididos. Comandaram a expedição (1147-1149) o Rei Luís VII da França (1120-1180) e Conrado III da Germânia (1093-1152) – provavelmente com a ajuda de seu sobrinho e herdeiro Frederico Barbarossa. A motivação sintetizada pelo célebre Monge de Claraval era lutarem pelo Salvador da humanidade; a promessa era salvar o reino catalisador na terra da história

---

68. *Histoire anonyme de la première croisade.* Paris: Les Belles Lettres, 2007, p. 5 [Ed. e trad. de Louis Bréhier].

da salvação; o prêmio foi derrota e humilhação; a explicação foi o desmerecimento por seus pecados[69]. Os peregrinos armados, que à partida nem de longe vislumbravam o desastre que lhes aguardava, eram também de diversa proveniência: franceses da Lorena, checos, eslavos e alemães[70].

As demais expedições, dos séculos XII e XIII, envolveram igualmente grandes homens, como os reis Ricardo Coração de Leão, da Inglaterra, o Imperador Frederico Barbarossa (Barba-Ruiva), do Sacro Império Romano Germânico, e Filipe Augusto e Luís IX (São Luís), da França. Estes iam acompanhados de ajuntamentos heterogêneos envolvendo, além daqueles das origens já mencionadas, austríacos, cipriotas, francos da Síria, frísios, húngaros e noruegueses. Seus esforços despendidos e perigos vividos foram explicados das mais diversas formas: aumento demográfico, desejo de se estabelecer, gosto por aventura, interesses econômicos, atração pelas indulgências. Mas nenhum desses pode fazer esquecer o que os unia aos peregrinos desarmados: o fator religioso. Este não deve ser secundarizado em favor do propósito de combate ao inimigo muçulmano ou das motivações políticas, mas deve ser buscado na ligação profunda a um espaço sagrado, a Terra Santa, que seduzia pelo que guardava do passado – o lugar escolhido por Deus para encarnar – e reservava para o futuro – o retorno de Cristo para o juízo final. Não devem, pois, ser entendidas como vãs ou idealizações que dizem pouco sobre a época as palavras do nobre de origem germânica, Wilbrand de Oldenburg (1180-1233). Sobre

---

69. RICHARD. *Histoire des Croisades*, p. 179.

70. HINDLEY, G. *Las cruzadas* – Peregrinaje armado y guerra santa. Barcelona: Byblos, p. 132.

sua jornada do início do século XIII, conta ele: "quando o sol nascia, a aspirada Jerusalém apareceu diante de nossos olhos. Tão tocados ficamos nesse momento, cheios de alegria e admiração, que chegamos a imaginar que estávamos vendo a Jerusalém celestial"[71]. Tampouco devem ser pensadas como de pouco impacto as palavras de São Bernardo, de que ali era "onde se viu o Verbo do Pai ensinar e viver mais de trinta anos, Homem entre os homens". Lugar "ilustrado pelos milagres", a ser livrado dos "inimigos da cruz", que, se não combatidos, destruiriam "as lembranças da nossa redenção e macular[iam] os lugares santos borrifados pelo sangue do Cordeiro Imaculado"[72].

Nesse tempo em que esses devotos armados com a espada, mas não indiferentes à força da Terra Santa, ocuparam-se da defesa e estabeleceram o reino latino de Jerusalém (1099-1291), peregrinos dedicados apenas às suas práticas devotas também voltaram a ganhar a estrada para dar substância à sua fé[73]. Graças às facilidades dos transportes marítimos e às estruturas de acolhimento, encontraram facilidades para peregrinar, mas seus relatos não são muitos[74]. Um deles, sobre uma peregrinação de 1102-1103, escrito pelo anglo-saxão Saewulf, é ilustrativo do foco na história santa, ou melhor, na topografia sagrada. Pouco simpáticos aos cruzados e suas práticas não muito devotas, cuidavam esses peregrinos de

---

71. WILBRAND OF OLDENBURG. Journey in the Holy Land (1211-1212). In: PRINGLE. *Pilgrimage...*, p. 87.

72. SAINT BERNARD. Lettre 363, 1, 2, 5. In: GOBRY, I. *Saint Bernard par ses écrits.* Mediaspaul, 1999, p. 67.

73. GRABOÏS. *Le pèlerin...*, p. 38.

74. DANSETTE, B. Les relations du pèlerinage Outre-Mer: des origines à l'âge d'or. In: RÉGNIER-BOHLER. *Croisades...*, p. 887.

não mencionarem o reino de Jerusalém contemporâneo da sua visita, pois preferiam destacar a importância do Santo Sepulcro como o "primeiro local a ser visitado"[75]. Preferiam também destacar, como o peregrino João de Würzburg, clérigo alemão que descreveu sua viagem realizada entre 1160 e 1170, o reino bíblico do Rei Davi, aquele que reinou por 34 anos em Jerusalém e que, segundo o viajante, ao ver a fúria divina ameaçando a cidade em razão do seu pecado, "caiu por terra em verdadeira penitência e profunda aflição, e foi ouvido pelo Senhor, obtendo perdão"[76].

No século XIII, os homens provenientes das ordens mendicantes são aqueles que se destacaram nos périplos e trouxeram novas cores às peregrinações. No relato do viajante conhecido como Thietmar[77], de quem pouco se sabe, mas provavelmente pertencente à Ordem dos Frades Menores, as dificuldades de peregrinar são o que salta aos olhos no período em que os francos tinham perdido Jerusalém[78]. Já o relato de Burchard de Monte Sião, dominicano de origem germânica que viajou em 1232, constitui um dos mais detalhados do século XIII. Escrito entre 1274 e 1285, apresenta as religiões da Terra Santa, distinguindo – como também faz João de Würzburg – os latinos como "piores que os outros habitantes" do lugar, e arriscando a explicação de que seria

---

75. SAEWULF. Pilgrimage of Saewulf to Jerusalem and Holy Land. In: *Palestine Pilgrims' Text Society*. Apud *Rev. Canon Brownlow*, 24, 1892, p. 1.

76. JOHN OF WÜRZBURG. Description of The Holy Land (1160-1170). In: *Palestine Pilgrims' Text Society*. Londres: Adam Street/Adelphi, 1890, p. 10 [Trad. de Aubrey Stewart; notas de C.W. Wilson].

77. Thietmar e seu relato são pouco conhecidos, mas Christiane Deluz destaca seu interesse pelo Islã. Cf. THIETMAR. Le Pèlerinage..., p. 928-930.

78. Ibid., p. 957-958.

em razão de que aquele que foi "um malfeitor, como um assassino, um bandido, um ladrão ou um adúltero, cruza o mar como uma penitência ou porque teme por sua pele, de forma que não se atreve a ficar em seu próprio país". Informa o dominicano sobre a proveniência diversa desses penitentes, que vinham de regiões como a Alemanha, a Itália, a França, a Inglaterra, a Espanha, a Hungria e outras partes do mundo, mas que mudavam apenas "de céu, não sua inclinação", segundo ele[79].

Depois de 1244, quando os muçulmanos se tornaram senhores dos lugares santos, o acesso dos peregrinos ocidentais tornou-se mais restrito. Com a conquista da Palestina por parte dos mamelucos do Egito, entretanto, as peregrinações foram toleradas. Com a queda definitiva do reino latino de Jerusalém, em 1291, os mamelucos facilitaram o caminho dos peregrinos e a fixação dos franciscanos nos lugares santos, após as negociações entre Roberto de Nápoles (1277-1343) e o sultão do Cairo, Al-Nâsir Muhammad (1285-1341). As peregrinações retornam protagonizadas por um outro tipo de viajante: aqueles armados com a pena. Os peregrinos que então chegavam à Terra Santa, com suas viagens facilitadas e reguladas sobretudo por Veneza, eram inspirados pelo ideal da imitação de Cristo, com o filtro de Francisco de Assis; ou seja, eram estimulados a meditar sobre a Paixão de Cristo[80]. A história que então se sobrepõe à geografia é aquela das personagens neotestamentárias e evangélicas[81].

---

79. BURCHARD DE MONTE SIÃO. Description of the Holy Land (1274-1285). In: PRINGLE. *Pilgrimage...*, p. 314.

80. DANSETTE. Les relations..., p. 887-892.

81. CHAREYRON. *Les pèlerins...*, p. 13.

Peregrinos letrados e urbanos

Nos séculos XIV e XV, os peregrinos não eram em grande número, mas seu legado escrito foi substantivo. Vindos de uma sociedade urbana, da Europa Ocidental e Central, suas línguas maternas começaram a concorrer com o latim e abrir, assim, o universo daqueles que poderiam ter acesso às suas memórias peregrinas. Eram, nessa altura, clérigos ou leigos de estratos sociais diversos, e a sua prática era mais centralizada, autorizada pelo papa. Esse direcionamento da prática, contudo, não se repetia no que diz respeito aos seus interesses, pois estes se abriram para a forma de organização dos povos no Levante e para as peculiaridades desse outro mundo. Ainda no termo do século XIII, o frade dominicano com formação universitária, Riccoldo de Monte Croce, nascido em Florença por volta do ano de 1243, narrou sua viagem realizada entre 1288 e 1300 no *Liber peregrinationis*, no qual afirmou o objetivo missionário da sua peregrinação à Terra Santa. Entretanto, anunciou também que o conteúdo do seu relato incluiria "os reinos, os povos, as províncias, as leis, os ritos, as seitas, as heresias e os monstros" daquelas plagas[82].

Monges, clérigos, embaixadores, mercadores, cavaleiros ou aventureiros alternavam nas vias da peregrinação nesse novo momento. Mais do que nos registros anteriores, eles começaram a deixar ver seus juízos e aspirações, e, por serem letrados, descortinavam o peso do relato de peregrinos anteriores nas suas memórias. As passagens bíblicas continuaram a garantir certa regularidade e serviam de marco de

---

82. RICCOLD MONTE CROCE. *Pérégrination en Terre Sainte et au Proche Orient*, p. 37.

viagens que agora eram intermediadas pelos franciscanos do Convento do Monte Sião, os quais organizavam procissões, predicações e exercícios espirituais em certos lugares bíblicos. O espaço então valorizado sob a custódia franciscana foi aquele do Novo Testamento, em especial "o caminho da cruz", como veremos adiante, com visitas rituais previamente definidas e com uma liturgia própria; porém, surgiram alguns viandantes, especialmente no século XV, que fugiam a esse mero cumprimento da rota estabelecida. O peregrino começou a se confundir com viajantes com interesses não apenas devotos, mas até aventureiros.

Entre aqueles que viajaram nessa altura, merecem menção por algum interesse profano que se anuncia: o francês da Champagne Ogier d'Anglure, o gascão Nompar de Caumont, o borgonhês Gillebert de Lannoy e o francês da Guyenne Bertrandon de La Broquière, cujos relatos são respectivamente de 1395, 1417, 1421 e 1433. Trata-se de viajantes nobres que, com mais ou menos intensidade, estenderam seus olhos para além dos lugares santos, oferecendo em especial informações sobre os muçulmanos, mas também sobre os cristãos do culto oriental. O último, inclusive, abre seu relato declarando seu objetivo de "incitar e atrair os corações dos nobres homens que desejam ver o mundo" e, do que "pôde recordar", preparou um livro de suas memórias de viagem, pensando não apenas no rei ou príncipe cristão que quisesse empreender a conquista de Jerusalém, mas em qualquer nobre que quisesse realizar a viagem[83].

---

83. BERTRANDON DE LA BROQUIÈRE. *Le voyage d'oultremer* – Premier écuyer tranchant et conseiller de Philippe Le Bon, Duc de Bourgogne. Paris: Ernest Leroux, 1892, p. 1-2 [Org. de C. Schefer].

A atenção aos muçulmanos destaca-se, por exemplo, no relato de Symon Semeonis, conhecido também como Symon Fitzsimon, um frade franciscano do Convento de Clonmel, na Irlanda. Na narrativa, datada entre 1330 e 1350, sobre sua peregrinação à Terra Santa de 1323 e 1324, o religioso introduz preciosas impressões sobre Maomé e seus seguidores, que ajudam a refletir a respeito do estado das expectativas dos cristãos sobre os muçulmanos naquela altura. Outros, ainda, como o nobre florentino Lionardo Frescobaldi, que viajou com Giorgio Gucci e Simone Sigoli e visitou o Egito e a Terra Santa em 1384, deixa um relato proveitoso sobre a vida social e econômica dos países visitados. Um certo intuito explorador, portanto, se anuncia nesses relatos em detrimento do foco apenas religioso. Intuito que se destaca no relato de Félix Fabri. Filho de uma família nobre de Zurique, esse dominicano, reconhecido por seus conhecimentos teológicos, realizou duas viagens à Terra Santa na segunda metade do século XV, na última das quais visitou também o Egito e deixou impressões sobre seus costumes, destacando as cidades do Cairo e Alexandria: seus arredores, sua vida cotidiana, sua arquitetura surpreendente e a trajetória histórica do seu povo.

Não cabe aqui estender ainda mais a lista dos peregrinos desse tempo, que ainda poderia incluir Ludolph de Sudheim, capelão da região de Westphalie, Louis de Rochechouart, bispo de Saintes, a inglesa Marjorie Kempe e vários outros. Para finalizar este percurso pelo perfil dos homens que viajaram ao longo de mais de 10 séculos – do século IV ao XV – e vieram dos muitos cantos e confins da Cristandade, importa apenas dizer que não perderam o foco. Mesmo estes últimos dos séculos XIV e XV, que se desviaram um pouco da geografia estritamente religiosa que tinha justificado sua saída dos seus lugares de origem, mesmo eles procuraram não perder de vista seu objetivo religioso. Movidos pelo ideal de salvação da humanidade ou de si próprios, à espera de perdão, dispostos ao risco para cumprir penitência, armados para defender os ideais da sua fé, atentos ao que os distinguia dos não cristãos, enfim, impulsionados por fatores diversos, um ponto os mantinha unidos: os espaços que o Antigo e o Novo testamentos, Cristo e os santos tinham legado para serem reconhecidos, lembrados e louvados.

É esse plano mais estrito dos lugares, do espaço sagrado do peregrino cristão, reconhecível pela história bíblica e seus desdobramentos nas histórias das vidas de santos, que convém agora examinar mais detidamente.

3 Para onde iam os andantes do Senhor

Apesar de ao longo dos séculos a palavra peregrinação ter sido usada genericamente como símbolo da vida terrestre, vista como uma marcha, e ter sido identificada como uma das principais formas de devoção, a designação peregrino teve denominações concorrentes, como romeiro e palmeiro. Tais formas de designação estavam diretamente ligadas aos principais destinos das viagens: Jerusalém, Roma e, mais tarde, Santiago de Compostela.

No século XIII, aquele que é o principal conjunto legislativo da Península Ibérica, as Sete Partidas de Dom Afonso X (1221-1284), distingue os destinos das viagens "para servir a Deus", especificando que "romeiro é o homem que parte de sua terra e vai para Roma", onde o que estava para ser louvado eram "os corpos de São Pedro e de São Paulo, e de outros que ali sofreram martírio". Já peregrino, que significava "estranho", ganhava sentido primeiro por significar afastamento do lugar familiar, e só depois pela ligação com o destino. O termo era usado, segundo o código, tanto para se referir àqueles que rumavam para o "sepulcro de Jerusalém e os outros santos lugares em que Nosso Senhor Jesus Cristo nasceu, viveu e morreu", quanto para identificar os que andavam em peregrinação a Santiago ou a outros santuários. Mas o próprio código adverte que o uso comum das pessoas não costumava precisar essa diferença; antes, oscilavam entre uma e outra designação[84] – em Portugal foi ainda comum a designação "palmeiro" para os que voltavam da Palestina e traziam um ramo de palmeira.

Viagem ao centro do mundo: Jerusalém

O destino mais elevado na hierarquia das peregrinações era, sem dúvida, Jerusalém. Esta, como viria a sintetizar no século XIV o peregrino das memórias alheias, Jean de Mandeville – que se declara peregrino, apesar de ter provavelmente apenas compilado relatos alheios –, era "a mais digna e a mais excelente, senhora e soberana de todas as demais, e é abençoada, santificada e consagrada com o precioso Corpo e Sangue de Nosso Senhor Jesus Cristo". Seu prestígio devia-se à escolha de Deus por ali "receber a carne" e realizar "milagres, pregar e ensinar a fé e a religião cristã como se fosse a seus filhos". E essa escolha não tinha sido injustificada, pois "essa terra, que era primeiramente dos judeus, foi por

---

84. *Las siete partidas del Rey Don Alfonso El Sabio* – Tomo I: Partida primera. Madri: Imprenta Real, 1807, tít. 24, lei I, p. 498.

Ele escolhida entre as outras como a melhor, a mais virtuosa e a mais digna do mundo, pois é o coração e o centro de toda a terra do mundo"[85].

Tal noção geográfica, perpetuada nos séculos XII e XIII pelos grandes mapas-múndi de Ebstorf e Hereford, sustentava-se na ideia de que a humanidade, criada no paraíso terrestre, a Oriente, não podia se desenvolver plenamente, se não ao redor de seu centro, em torno do Mediterrâneo. Longe dele, nas extremidades, como representavam os mapas, dado o excesso de calor ou de frio, encontrar-se-iam monstruosidades[86]. Tal superioridade do centro era corroborada, como não poderia deixar de ser, pela Bíblia. Em Ezequiel 5, por exemplo, são atribuídas a Deus as seguintes palavras: "Esta é Jerusalém; coloquei-a no meio das nações e das terras que estão ao redor dela". E outras passagens bíblicas reafirmam tal simbolismo que, depois do século VII[87], foi reforçado nos relatos dos peregrinos. No citado relato de Arculfo, o monge gaulês, diante de uma coluna onde um homem foi ressuscitado pela força da cruz, a partir da observação da projeção de sombra no solstício de verão, três dias depois, ele chega à conclusão, amparado no Salmo 74,12 (... Deus é o meu Rei desde a Antiguidade, operando a salvação no meio da terra), de que a vila santa "estava situada no centro da terra"[88].

---

85. JEAN DE MANDEVILLE. *Viagens de Jean de Mandeville.* Bauru: Edusc, 2007, p. 33 [Trad. de Susani S.L. França].

86. LECOQ, D. & CHAMBARD, A. *Terre à découvrir, terres à parcourir*: exploration et connaissance du monde XIIe-XIXe siècles. Paris: L'Harmattan, 1998, p. 19.

87. Em razão da transferência dos lugares lidados às tradições do Templo e do Monte Moriá para a Igreja do Santo Sepulcro.

88. MARAVAL. *Récits...*, p. 250.

O predomínio da geografia sagrada, reforçada pela história cristã, percorreu os séculos. Sobre a centralidade de Jerusalém, também Bernardo o Monge (século IX) acrescenta que ali, "no meio de quatro igrejas, estava o paraíso sem telhado. As paredes eram cobertas de ouro, e o pavimento era ornado de pedras preciosas. No centro de quatro correntes, presas às quatro igrejas, diz-se que é o centro do mundo"[89]. Descrição que, no relato do século XI de Robert o Monge, ganha sabor adocicado e tintas paradisíacas. Canaã, terra na qual as Escrituras ensinam "que mana leite e mel" (Nm 13,27), tinha ao seu centro Jerusalém, cujo "território, mais fértil que todos os outros, oferece, por assim dizer, as delícias de um outro paraíso", pois tinha sido o lugar ilustrado pelo "Redentor do gênero humano", além de "honrado por sua residência, consagrado por sua paixão, redimido por sua morte, assinalado por sua sepultura". Essa cidade, que na altura em que escreve o viajante estava tomada por "nações ignorantes da lei de Deus", estava "situada no centro do mundo"[90]. Lugar-comum nos relatos que é igualmente reafirmado pelo saxão Saewulf no século XII, ao recordar o mesmo Salmo do relato do Bispo Arculfo, registrado por Adomnan, para dizer que na Igreja do Santo Sepulcro estava o lugar onde Jesus Cristo, "com sua própria mão, designou e marcou o centro do mundo", de onde emanaria a salvação[91].

Como catalisadora da história da salvação, Jerusalém atraiu nobres e altas hierarquias eclesiásticas, movidos pelo desejo de tocar com os dedos e os olhos da alma os lugares

---

89. BERNARD LE MOINE. Itinéraire, p. 923.

90. ROBERT, LE MOINE. Histoire de la première croisade, p. 304.

91. SAEWULF. Pilgrimage of Saewulf to Jerusalem and Holy Land, p. 12.

que, segundo o clérigo João de Würzburg, "os filósofos" tinham ensinado que "estava localizado no centro do mundo"[92]. Estava justamente no meio do cruzamento dos braços da letra T, que os mapas medievais – chamados mapas em T-O – usavam para representar, com sua visão teológica, os três continentes habitados. Em cima do traço horizontal do T, que representava o Mediterrâneo, estava a Ásia; o traço vertical da letra representava, por sua vez, os rios que separavam a Europa e a África: o Nilo e o Dan. Mas a concepção teológica se fazia notar nas referências histórico-religiosas, que incluíam a forma de cruz e o sepulcro de Cristo e Jerusalém no centro, deixando para as periferias os seres monstruosos e, entre outros, os povos de Gog e Magog[93] – inimigos do povo de Deus no Novo Testamento.

Jerusalém era, pois, o espaço dominante de uma peregrinação que contava com alguns itinerários principais e lugares mais ou menos incontornáveis, dependendo do peso do Antigo ou do Novo testamentos. No relato de Egéria, por exemplo, os lugares que se mostram privilegiados para meditação e oração são ora aqueles que foram palco dos acontecimentos protagonizados por Moisés, Elias, Abraão e outros grandes do Antigo Testamento; ora aqueles em que atuaram santos martirizados, como o Apóstolo Tomé, o Monge Helpídio, Santa Eufêmia, entre outros do Novo Testamento; ora, por fim, somos guiados pelos recintos dos mistérios da vida de Cristo, reconhecidos nos segmentos da Paixão, Ressurreição e Ascensão[94].

---

92. JOHN OF WÜRZBURG. Description of The Holy Land, p. 10.

93. La geografía en los relatos de viajes castellanos del ocaso de la Edad Media, 54-55.

94. *Egéria*, p. 65-67.

Nesse espaço marcado pela história sagrada, merecem relevo alguns eixos, não apenas em Jerusalém. O monte, chamado "Monte de Deus", destaca-se à partida. Embora seja um conjunto, um deles, segundo Egéria, se elevava em detrimento dos demais; pois ali, no Sinai, "desceu a majestade de Deus"[95]. O Monte Horeb era outro, porque no lugar se podia recordar o Êxodo e a passagem em que Deus, na forma de sarça ardente, falou com Moisés. E os diversos lugares – Gruta de Jó, Vale do Jordão, as "terras de Sodoma"[96], Jessé, Enon etc. – em que, beneficiando ou punindo, o toque de Deus e sua justiça foram notados no Antigo Testamento, vão se sucedendo até que o relato se centre nos grandes lugares de culto em Jerusalém. Não sem deixar de lado os santuários erguidos em memória dos santos do Novo Testamento – a Tomé, a Helpídio, a Tecla, a Isáuria –, Egéria avançou pela vida de Cristo, com ênfase litúrgica, ou melhor, nas celebrações no interior dos edifícios religiosos e na participação de fiéis, inclusive leigos[97]. O realce dos lugares perdeu força em favor das práticas de devoção e ritos litúrgicos assistidos em Jerusalém. Do mesmo modo, a passagem da Paixão de Cristo tomou o lugar central antes reservado à cidade e aos lugares do périplo, pois esses ficaram secundarizados em relação aos ofícios que tinham "lugar a cada dia nos lugares santos"[98] e que recordavam e mantinham sempre viva a história da Salvação.

---

95. Ibid., p. 83.

96. Ibid., p. 125.

97. Ibid., p. 173. Maraval cogita que esta possa ter sido acrescida posteriormente ao relato. Cf. MARAVAL. *Récits...*, p. 57.

98. *Egéria*, p. 173.

Os peregrinos posteriores também seguiram pelos lugares celebrizados pela Bíblia, enriquecidos pelas hagiografias, descritos e definidos por Egéria. Bernardo o Monge atentou do mesmo modo para o entorno de Jerusalém, o Vale de Josafá, o Monte das Oliveiras, Betânia, e foi a Belém, mas era Jerusalém que o atraía. Os santuários da cidade fascinavam especialmente por evocarem as tradições ligadas à vida e às ações de Cristo, de forma que desde o século IV o Santo Sepulcro e o Monte Sião, a Igreja de Eleona no Monte das Oliveiras e os santuários do Vale de Josafá começaram a se configurar como uma espécie de circuito básico dos viajantes devotos, que procuravam nesses lugares não propriamente símbolos da "Jerusalém celeste", mas expressões concretas do sagrado cristão[99]. A imitação de Cristo, tal como a centralidade de Jerusalém, tornou-se a medula da devoção dos peregrinos. Quando se veem diante da igreja pouco iluminada do Santo Sepulcro, os peregrinos, como sintetiza Louis de Rochechouart, no século XV, se apresentam "com lágrimas nos olhos e o coração constrito"[100].

Nas três regiões prioritárias para os devotos – Jerusalém e seu entorno, o Vale do Jordão e a Galileia –, são visitados os lugares onde Cristo realizou milagres, como o Lago de Genesaré, ou outros onde uma etapa da trajetória de Cristo ou do seu sofrimento se cumpriram, como o Monte Tabor e a Basílica do Monte Sião. Mas o que se entendia por Terra Santa tinha uma definição geográfica imprecisa, pois melhor se organizava pelo passado do que pela configuração

---

99. GRABOÏS. *Le pèlerin...*, p. 77-78.

100. LOUIS DE ROCHECHOUART. Journal de Voyage à Jérusalem, p. 1.147.

presente. As partes que foram, pois, designadas como Terra Santa conheceram variações ao longo das diferentes épocas de peregrinação, mas genericamente essa englobava desde as nascentes do Jordão, no norte, até o Monte Sinai, no sul. No século VII, o espaço santo ficou reduzido em razão do avanço muçulmano pela Transjordânia, pela Península do Sinai, pelo Deserto Neguev e certas regiões da Cisjordânia Central e Setentrional. Nessa altura e mais adiante, no século XI, o espaço sagrado sofreu nova redução em razão da dificuldade de acesso, e a chamada Rota de Ramleh a Jerusalém passou a ser a possível. Apenas com a referida fundação do Reino Latino de Jerusalém, no século XII, foi possível uma expansão do território santo para o peregrino. Na descrição da Terra Santa que o Arcebispo Raimundo de Toledo (1125-1152) pediu a Almerich, Patriarca de Antioquia, seu itinerário indica: "Hebron, Jericó, Mar Morto, Mizpa, Tiberíades, Betsaida, Safed, Banias, Antioquia, Melida, Tiro, Sidon, Séforis, Nazaré, Betânia, Cafarnaum, Samaria, Siquém, Ramataim, Betel, Jerusalém, Belém, Jerusalém, Gaza e Hebron", ponto de partida e de chegada[101].

Naquela ocasião a Terra Santa passou a estender-se de Séforis, na Galileia, onde nasceu a mãe de Maria, Ana, até o conjunto dos lugares situados no reino latino e que estavam carregados de memória bíblica, entre os quais Cesareia, Jafa, o Monte Carmelo e vários dos lugares citados[102]. Todavia, em meados do século XIII, quando os mamelucos tomaram o controle militar da região, foi necessário encontrar um con-

---

101. ALMERICH. *La fazienda de ultra mar*. Salamanca: Universidad de Salamanca, 1965, p. 34 [Ed. de Moshé Lazar].

102. GRABOÏS. *Le pèlerin...*, p. 96-97.

junto alternativo de lugares sagrados, incluindo o Mosteiro de Santa Catarina, no Monte Sinai[103]. Os principais textos sobreviventes do século XIII apontam um circuito que começa e finda em Acre, seguindo de Haifa para Jaffa e de lá para Jerusalém. Ali, depois de atravessar o portão de Santo Estêvão e visitar os lugares sagrados dentro da cidade, o peregrino partia para Belém e Hebron, para o Monte das Oliveiras, Betânia, Jericó e o Jordão, podendo seguir até o Sinai e para o Mosteiro da Cruz e Emaús. No retorno, passava por Samaria, Nablus, Sebastia, Monte Tabor, Nazaré e outros lugares[104].

Nesses e nos outros lugares do percurso e do destino, os relatos mostram que os peregrinos se identificavam como testemunhas dos acontecimentos do passado religioso, relatados nos evangelhos e nos Atos dos Apóstolos. Thietmar, por exemplo, conta que, depois de passar por Nazaré, chegou a Caná, na Galileia. O lugar ainda exalava sacralidade e tornava presentes os acontecimentos passados, pois, segundo o viajante, onde o Senhor converteu água em vinho no casamento ainda havia na igreja vestígios de "onde os frascos tinham sido colocados". E um certo sarraceno lhe tinha dito "que a cisterna da qual foi tirada a água transformada em vinho ainda continha água com o sabor do vinho"[105]. Entre esses indícios que permitiam reavivar a fé no espírito dos peregrinos, o lugar da Távola Redonda continuava a ser um depósito de sacralidade, pois ali, conta ele, os sarracenos tinham destruído uma capela, mas no "entorno cresciam plantas aromáticas que se mantinham vigorosas todo o ano,

---

103. PRINGLE. *Pilgrimage...*, p. 10.

104. Ibid., p. 7.

105. THIETMAR. Le pèlerinage..., p. 932. • THIETMAR. Pilgrimage, p. 96 e 98.

no inverno e no verão. Os sarracenos tentaram muitas vezes arrancá-las, mas sem sucesso; eles não podiam ir contra a vontade de Deus", segundo Thietmar[106].

Mas se esse plano do passado é aquele atualizado pelos peregrinos, algumas circunstâncias presentes merecem igualmente a sua atenção. Nesse século XIII, a Terra Santa era marcada pela diversidade de povos: franceses, ingleses, latinos de diversos países, gregos, cristãos do culto oriental e aqueles que se destacavam pela negativa, os sarracenos. Os peregrinos não puderam deixar de voltar seus olhares também para essa diversidade, dado que lhes cabia defender sua fé. Ao lado das referências bíblicas surgiram nos relatos diversas indicações sobre o burburinho no espaço carregado da memória sagrada cristã. O alemão Wilbrand conta que a Igreja do Santo Sepulcro e suas relíquias "são vigiadas com esmerado zelo por quatro padres sírios, que não podem sair". Tais peças, conta ele, tinham sido deixadas ilesas pelos sarracenos, mas adverte: "mais por vontade divina do que por sua benevolência"[107].

Os indicativos sobre a presença marcante dos muçulmanos na Terra Santa aparecem nos relatos das mais diversas formas. Thietmar, por exemplo, refere o controle do território pelos sarracenos, narrando inclusive sua detenção em uma emboscada nas proximidades de Jerusalém e como Deus o "preservou miraculosamente" por meio da intermediação de uns húngaros convertidos ao islamismo[108]. Conta também que Belém, cidade "do Altíssimo", era "habitada por cristãos submetidos aos sarracenos", e havia ali um mosteiro onde os

---

106. THIETMAR. Le Pèlerinage..., p. 933.
107. WILBRAND OF OLDENBURG. Journey in the Holy Land, p. 89.
108. THIETMAR. Le Pèlerinage..., p. 943.

guardiões sarracenos "cobravam pedágio dos peregrinos"[109]. A imagem desses, à moda da época, foi pintada com tintas negativas pelo peregrino depois de ter ficado algum tempo entre eles, em Damasco, e observado que "admitem todos os prazeres, lícitos ou ilícitos. [...] Cada um dispondo de quantas mulheres pode"[110]. Impureza que é também referida por Burchard de Monte Sião, que atenta para que, além de acreditarem que Cristo estava à direita do Pai e Maomé à esquerda, tinham "quantas mulheres" conseguiam manter e, ainda assim, pecavam "contra a natureza"[111]. Outros reafirmaram impressões semelhantes sobre os muçulmanos da Terra Santa e proximidades. Entre eles, vale lembrar o franciscano irlandês Symon Semeonis, cuja viagem para a Palestina, em 1323, resultou em um relato que se destaca sobretudo pela forma como maldiz o Islã. Maomé é definido por ele como "porco imundo", proponente de uma "moral perversa" e "destruidor do pudor e da castidade", pois seus seguidores, até mesmo os homens comuns, podiam ter diversas mulheres, "três, ou quatro ou até mais mulheres"[112].

Outros povos que viviam nas imediações mereceram do mesmo modo alguns juízos dos visitantes, porém não tão corrosivos. Vários deles foram rotulados de cismáticos[113] e heréticos, apesar de o papado ter se empenhado em distinguir os ortodoxos como pertencentes à Igreja Católica, e os

---

109. Ibid., p. 944.

110. Ibid., p. 936.

111. BURCHARD DE MONTE SIÃO. *Description of the Holy Land*, p. 314-315.

112. SYMON SEMEONIS. *Itinerarium Symonis Semeonis ab Hyberniae ad Terram Sanctam*. Dublin: Inst. Of Advances Studies, 1960, p. 75 e 77.

113. Cf. GUILHERME DE BOLDENSELE. Traité de l'etat de la Terre Sainte. In: RÉGNIER-BOHLER. *Croisades...*, p. 1.017.

cristãos do rito oriental como separados de Roma[114]. Symon Semeonis conta que "os jacobitas e outros cismáticos, algumas vezes até os sarracenos, se reúnem para cantar piedosamente as vigílias em louvor da Virgem gloriosa", e acrescenta que, nessa altura, eles "lavam suas enfermidades na fonte" e que a Virgem aparece "em pessoa aos sarracenos"[115]. Os jacobitas e os sírios – às vezes identificados ou designados siríacos[116] – constituíam o grosso da população cristã do reino latino, e o termo jacobita, especificamente, foi comum para designar seitas cristãs, incluindo a Igreja copta no Egito[117]. Monte Croce qualifica de heréticos esses jacobitas, porque dizem "que há em Cristo uma só substância, uma só natureza, uma só vontade e uma só operação, unicamente de essência divina"[118]. Sobre a forma como esses fiéis eram vistos, a descrição do alemão Ludolf de Sudhein, que viajou no século XIV, merece atenção pela forma como distingue os ritos, mas ressaltando seu fundamento comum: "o rito dos latinos, aquele dos gregos e aquele dos sarracenos" eram diferentes, mas "todos eram cristãos"[119]. Sem estarem propria-

---

114. BALARD, M. *Les latins en Orient. XIe-XVe siécle.* Paris: Presses Universitaires de France, 2006, p. 114-115.

115. SYMON SEMEONIS. *Itinerarium Symonis Semeonis ab Hyberniae ad Terram Sanctam,* p. 81-82.

116. OLDENBOURG, Z. *Les croisades.* Paris: Gallimard, 1965, p. 818-823. • MUTAFIAN, C. L'Église arménienne et les chrétientés d'Orient (XIIe-XIVe siècle). In: COULON, D.; OTTEN-FROUX, C.; PAGÈS, P. & VALÉRIAN, D. *Chemins d'outre-mer* – Études d'histoire sur la Méditerranée médiévale offertes à Michel Balard. Paris: Publications de la Sorbonne, 2004, p. 574.

117. GRABOÏS, A. La description de l'Égypte au XIVe siècle pour les pèlerins et les voyageurs occidentaux. In: *Le Moyen Âge,* 3, t. CIX, 2003, p. 529-543.

118. RICCOLD MONTE CROCE. *Pérégrination en Terre Sainte et au Proche Orient,* p. 125.

119. LUDOLPH DE SUDHEIM. Le Chemin de la Terre Sainte. In: RÉGNIER-BOHLER. *Croisades...,* p. 1.043.

mente preparados para compreender as divergências teológicas desses diversos povos, os peregrinos e outros viajantes apenas observaram as manifestações de fé alheias: origem do rito, formas de trajar, cor da pele dos fiéis, peculiaridade das cerimônias, gestos e outros mais[120].

Para além do olhar sobre o afluxo – com menor frequência – de gentes diferentes na Terra Santa, alguns peregrinos também lançaram luz sobre aspectos do lugar, como, por exemplo, a abundância de "figos e romãs, mel, óleo e vários tipos de leguminosas, tais como melões e pepinos, e muitas outras frutas..." Mas a fertilidade não é o que se destacava em geral para os viajantes, pois algumas décadas antes de Burchard, Thietmar, atento a uma natureza muito eivada pelas referências religiosas, recordou as chamadas "árvores do paraíso", que davam um fruto com "gosto de mel", além de "limoeiros" e das árvores que davam as "maçãs de Adão, cuja mordida de Adão é claramente vista"[121]. Natureza religiosa que também chamava sua atenção a propósito do Vale do Jordão, terra outrora "aprazível e bela", fecunda em romãs e vinhas, mas que tinha "perdido a fecundidade em razão da proximidade das emanações de Sodoma"[122].

Como lugar de origem e do projetado fim – quando os mortos ressuscitariam no retorno de Cristo –[123], portanto, lugar de síntese da história divina desde a criação, todos os grandes centros de peregrinação, como Roma e Santiago de Compostela, e outros maiores ou menores, mantinham la-

---

120. CHAREYRON. *Les pèlerins...*, p. 127-129.

121. THIETMAR. Pilgrimage, p. 132-133.

122. Ibid., p. 116-117.

123. RICHARD. *Histoire des Croisades*, p. 39.

ços indestrinçáveis com Jerusalém. Em alguns dos visitantes esse "coração" do mundo inspirava preces; em outros, lembranças; em outros, curiosidade pelo derredor; em outros, angústia pela destruição e pela concorrência dos outros povos, especialmente os muçulmanos. Mas, mesmo que oscilante, esse espaço sagrado e simbólico, ancorado em Cristo e alimentado por meditações e orações[124], ramificava-se, assim, a partir da cidade e a recolocava sempre no centro da devoção.

Visita aos corpos dos martirizados: Roma
Para alcançar o coração da memória sagrada, a Terra Santa, algumas artérias foram fundamentais para aqueles que deviam se convencer de que, no plano terreno, cada um não era mais do que "estrangeiro e peregrino"[125]. Roma ocupava entre essas artérias um lugar privilegiado, pois, na cidade, segundo o Monge Bernardo, "repousavam inúmeros corpos de santos"[126]. Se Jerusalém, como vimos, atraiu peregrinos ao longo de vários séculos, é possível dizer que Roma até o século IX gozou do prestígio de ser a única a ter em seu solo os restos mortais de um apóstolo. Desde que Pedro foi enterrado na Via Corneliana e Paulo na Via Ostiense, os fiéis passaram a visitar seus túmulos[127]. Graças aos seus corpos e aos de vários outros mártires, os subterrâneos de Roma alimentavam a imaginação e a devoção dos peregrinos.

---

124. WOLFZETTEL. *Le discours...*, p. 12-13.
125. ARDANT, R., apud LABAND. Recherches..., p. 339.
126. The Voyage of Bernard The Wise. In: WRIGHT, T. *Early Travels in Palestine*. Londres: Henry G. Bohn, 1848, p. 29-30.
127. SIGAL. *Les marcheurs...*, p. 100.

Depois do século IV, as peregrinações a Roma, que já aconteciam de forma esporádica, tornaram-se regulares. Para além do lugar do martírio dos santos defensores da fé cristã e do valor das suas relíquias, um atrativo ao longo do tempo se juntou no impulso às peregrinações: as basílicas. A Basílica de São Pedro, no Vaticano; a Basílica de São Paulo, na Via de Óstia; a Basílica de Dois Apóstolos, na Via Ápia; a Basílica de São Lourenço, na Via Tiburtina; a Basílica de Santa Inês, na Via Nomentana. A tais lugares de oração situados nas estradas que ligavam Roma, outros no interior da cidade cumpriram também seu papel no impulso às visitações e na fixação dos caminhos da devoção: as basílicas de São João de Latrão e Santa Maria Maior. Do mesmo modo, as catacumbas e cemitérios cumpriram seu poder de atração dos fiéis[128]. Como sintetiza o mesmo Bernardo o Monge, no interior da cidade, a oriente, no lugar chamado Latrão, se acha a "igreja dedicada a São João Batista, bem construída". A ocidente, estava a igreja do "bem-aventurado Pedro, o príncipe dos apóstolos, onde ele repousa. Em toda a terra não havia igreja de grandeza comparável; ela é decorada de ornamentos de todo tipo"[129]. Para mais, como viria a dizer mais tarde o Rei Knut (995-1035) da Inglaterra e da Dinamarca, ali se podia visitar "seus santíssimos apóstolos Pedro e Paulo, e todos os santos que têm sua habitação seja dentro das muralhas, seja fora da cidade romana"[130].

---

128. Ibid.

129. BERNARD LE MOINE. Itinéraire, p. 926.

130. THIERRY, A. Histoire de la conquête de l'Angleterre par les Normands. T. I. Bruxelas: Meline, 1833, p. 184-185.

A estima que Roma gozava entre os devotos ingleses destaca-se nos vários indícios legados nos textos dos séculos IV ao IX. No célebre relato do monge inglês Beda (*Historia ecclesiastica gentis anglorum*), por exemplo, é assinalado que os grandes homens dos reinos ingleses a partir do final do século VI veneraram Roma. O Rei Oswiu (612-670) da Nortúmbria, quando se viu atingido pela doença, desejou recuperar-se para ir a Roma terminar seus dias "entre os lugares sagrados"[131]. Outros também – não só nobres, mas comuns – procuraram pisar no solo sacralizado pelos santos apóstolos, para ali receber a graça, de forma que a peregrinação foi se tornando de tal forma corrente, que a sua banalização acabou por levar a um declínio do seu valor e a uma redução dos seus possíveis benefícios, dada uma certa futilidade dos motivos que levavam ao deslocamento[132]. Beda critica tal banalização de algo que deveria ser considerado como um ato de "grande mérito"[133] e, em meados do século VIII, Bonifácio de Wessex (ca. 675?-05/06/754) pede ao Bispo Cuthbert de Canterbury (?-760) para impedir que as "jovens e mulheres de véu" viagem para Roma com a finalidade de proteger sua virtude e salvar a Igreja dos Anglos[134].

Apesar de ter sido na Grã-Bretanha que a vida religiosa se manifestou fortemente através da peregrinação a Roma[135],

---

131. WEBB. *Pilgrims...*, p. 11. • *Bede's ecclesiastical history of England*, livro IV, cap. V, p. 226-227.

132. WEBB. *Pilgrims...*, p. 11-12. • RIDOUX, G. Vivre une métaphore: écritures anglo-saxonnes du voyage en mer au VIIIe siècle. In: *Médiévales*, 59, 2010, p. 145-169.

133. *Bede's ecclesiastical history of England*, livro V, cap. 7, p. 314; livro IV, cap. 23, p. 273.

134. *The English correspondence of Saint Boniface*. Londres: Chatto & Windus, 1911, p. 188 [Trad. de Edward Kylie].

135. RIDOUX, G. Vivre une métaphore...

os francos, sob regência carolíngia no decorrer do século VIII, começaram a demonstrar significativo apreço por Roma, tendo sido a proteção aos peregrinos e a regulação da prática matéria inclusive estabelecida em leis: capitulares carolíngias. O grande interesse estava ligado à base religiosa do poder carolíngio, que encontrou na divisão das partes dos corpos em santuários uma forma de fortalecer a fé e disseminar a memória católica. Para além daqueles que se deslocaram para a Itália para levar vida contemplativa, como Carlomano, irmão de Pepino o Breve, que resolveu ir para o mosteiro no Monte Cassino em 747, os elos com Roma foram reforçados de várias formas e as rotas entre a Gália e Roma restabelecidas no sentido concreto e espiritual: estradas e via sagrada. O mesmo não se pode dizer sobre os ibéricos, pelo menos nos séculos posteriores, entre o X e o XIII, dado que as relações entre os pontífices e a Igreja hispana eram reduzidas[136]. Todavia, ainda assim há notícia de mais de 20 peregrinos, entre nobres e eclesiásticos peninsulares, que se deslocaram de 966 a 1100[137].

A estima por Roma é referida pelo autor da vida de Carlos Magno, Eginhard. Conta ele que o imperador franco, "entre todos os lugares santos e respeitáveis, venerava especialmente a igreja do Apóstolo São Pedro em Roma", tanto que fez doações "em ouro, prata e mesmo pedras preciosas, além de grandes somas de moeda, e enviou aos papas presentes de imenso valor". Por isso, ele se glorificava de ter, com seus

---

136. RUCQUOI, A. Peregrinos de España a Jerusalén y Roma (siglos X-XIII). In: *Peregrino, ruta y meta en las peregrinationes maiores.* VIII Congreso Internacional de Estudios Jacobeos. Santiago de Compostela: Xunta de Galicia, 2012, p. 54 [Ed. de Paolo Caucci].

137. RUCQUOI. Peregrinos de España..., p. 58.

trabalhos e cuidados, restituído à cidade seu antigo poder e favorecido a Basílica de São Pedro; mas ao mesmo tempo lamentava, segundo Eginhard, de não ter "podido ir fazer suas preces e cumprir penitência senão quatro vezes durante os 47 anos em que ocupou o trono"[138]. Depois dele, outro rei que não ficou indiferente a Roma foi o citado Knut, que governou os reinos da Dinamarca, Inglaterra e Noruega. Em 1027, ele foi a Roma em peregrinação e legou uma carta que diz bastante sobre o valor da cidade para os fiéis cristianizados. Nessa carta dirigida à nação inglesa, ele explicita que o motivo de sua ida era tanto "para redenção dos seus pecados" quanto visando a "saúde" dos seus reinos. E louvava a Deus por ter lhe proporcionado ao menos uma vez na vida a possibilidade de viajar para lá, porque tinha ouvido, "da boca dos sábios, que o Apóstolo Pedro possui o grande poder de atar e desatar; e que era o portador da chave do reino celeste"[139].

Semelhante afeição por Roma foi igualmente manifesta por homens como São Wilfrid, Bonifácio de Wessex e Winnebald – irmão do peregrino a Jerusalém Willibald –, e mulheres como a abadessa de Minster, Eadburga (Bugga), e resultou em um verdadeiro estímulo à melhoria das condições da viagem, em especial as fundações hospitalares, por leigos e eclesiásticos, para acolher peregrinos no caminho – como em Lucca no século VIII – e em Roma propriamente. Além disso, o acesso à Basílica de São Pedro e os alojamentos fo-

---

138. ÉGINHARD. Vie de Charlemagne. In: GUIZOT, M. (ed.). *Collection des mémoires relatifs a l'histoire de France*. Paris: Brière, 1824, p. 151-152.

139. Apud AUGUSTIN THIERRY. *Histoire de la conquête de l'Angleterre par les Normands*. Paris: Furne et Cie, 1859, p. 184-185.

ram melhorados, tanto pelo Papa Adriano I (772-795) quanto por Leão III (795-816)[140]. De forma que, até pelo menos o século IX, foi possível dizer que dos reinos romano-germânicos saíram reis, bispos, condes e outros personagens importantes para ir a Roma, fosse para visitar uma sepultura, fosse em busca de relíquias. E Roma se preparou para recebê-los, pois há notícia nesse século da existência no território dos *scholae*, que eram estabelecimentos para receber grupos de peregrinos de proveniências diversas, como os francos, os frísios, os lombardos e os saxões[141]. Nesse espaço sagrado específico, a centralidade da Paixão em Jerusalém, expressa no desejo de seguir os passos de Cristo, foi substituída pelo fascínio com os restos mortais dos martirizados e pelo desejo de morrer no mesmo lugar que eles[142].

No século VI, o rei dos burgúndios, Sigismundo, depois de converter-se à fé católica e negar a fé ariana, foi até Roma para visitar o túmulo dos apóstolos e recebeu como recompensa do Papa Símaco diversas relíquias. Visando também obter relíquias, Childeberto I, rei franco, mandou uma embaixada ao Papa Pelágio, e o bispo de Angers, Lézin, enviou Maimbeuf em busca de relíquias de São João Batista. O citado Eginhard, no século IX, chegou mesmo a se referir a um roubo, o roubo do corpo de Santa Helena, que ilustra o prestígio das relíquias dessa cidade e seus arredores, onde se encontravam em abundância. Mas seu prestígio fica especialmente evidente pela reincidência das viagens aos túmulos dos apóstolos, mesmo depois do período carolíngio, em

---

140. WEBB. *Pilgrims...*, p. 12.

141. SIGAL. *Les marcheurs...*, p. 103.

142. Ibid., p. 101.

que se assistiu a um declínio. Alguns, como Facio de Cremona (1196-1272), peregrinaram 18 vezes a Roma[143]; outros não chegaram a tanto, mas viajaram quase uma dezena de vezes, como Thierry de Saint-Hubert (?-1087) e Godofredo de Vendôme (ca. 1065/1070-1132). Outros grandes senhores, além do citado Rei Knut, viajaram para Roma, como o duque da Aquitânia, Guilherme V.

Para além da atração pelas relíquias, a viagem a Roma cumpriu também uma função penitencial. Depois do século IX, a cidade tornou-se alvo dos peregrinos penitentes, em razão da necessidade de absolvição pelo papa em determinados casos. Diferentemente do que acontecia anteriormente, em que os bispos iam a Roma para saber como proceder em casos de faltas graves – como o assassinato de um parente ou roubo por clérigos – por parte dos penitentes, na virada para o século IX, aos próprios pecadores foi destinado o deslocamento. Os pecadores precisavam se haver diretamente com o papa, que lhes prescrevia a penitência. Na lista dos que seguiram estavam fratricidas, pais assassinos de filhos, matricidas, infanticidas e criminosos contra clérigos e monges[144]. Nos séculos seguintes a cidade apostólica continuou a receber penitentes, mas o catálogo dos casos reservados ao papa variaram consideravelmente, sem que, no entanto, a peregrinação a Roma caísse em desuso.

---

143. VAUCHEZ, A. Sainteté laïque au XIIIᵉ siècle: la vie du bienheureux Facio de Crémone (v. 1196-1272). In: *Mélanges de l'Ecole Française de Rome* – Moyen Âge, Temps Modernes, vol. 84, n. 84/1, 1972, p. 13-53, esp. p. 24.

144. VOGEL, C. Le pèlerinage pénitenciel. In: *Revue des Sciences Religieuses*, t. 38, f. 2, 1964, p. 113-153, esp. p. 141-143.

No início do século XIV, a propósito, a novo impulso se assistiu, graças à prática do jubileu, instituído em 1300. Prática reconhecida pelos contemporâneos como iniciativa dos fiéis, talvez movidos pela onda milenarista – graças à influência do franciscano Joaquim de Fiori – e pela promessa de indulgência, o jubileu deu novo fôlego às peregrinações[145]. Segundo o cronista florentino Giovanni Villani (1276-1348), referindo-se à bula jubilar do Papa Bonifácio VIII, este concederia a remissão dos pecados aos romanos que durante 30 dias seguidos visitassem os santuários dos apóstolos, e aos de outros lugares que o fizessem por 15 dias. A corrida a Roma, segundo o cronista, foi "algo maravilhoso, jamais visto", pois "grande parte dos cristãos que viviam neste tempo, tanto mulheres como homens", de perto e de longe, misturava-se aos habitantes de Roma. A estimativa do viajante era de que, afora os que estavam no caminho, havia na cidade 200 mil peregrinos, e todos eles "estavam bem-ordenados, sem tumulto ou conflito", como ele diz ter podido testemunhar de corpo presente[146]. Os números apresentados por outros cronistas, como Guglielmo Ventura, chegam a 2 milhões, e outros falam em 30 mil em dia de festas ou em 1 milhão em datas como a Páscoa ou o Natal. A despeito das disparidades e das notícias de que alguns jubileus ficaram aquém das expectativas, como os da Redenção, em 1390 e 1423, o certo é que Roma se manteve no horizonte dos devotos, dos penitentes, dos guias espirituais e dos reis piedosos ao longo dos

---

145. SIGAL. *Les marcheurs...*, p. 105.

146. GIOVANNI VILLANI. *Villani's Chronicle*. Londres: Archibald Constable, 1906, p. 320 [Seleção dos primeiros nove livros de VILLANI, G. *Chroniche Fiorentine*; trad. de Rose e Selfe; ed. de Philip H. Wicksteed].

séculos, incluindo os séculos XIII, XIV e XV, que tiraram, da segurança dos seus lares e da proximidade dos seus familiares, homens como o bispo de Osma, Diego de Aceves, e o Cônego Domingos de Guzman, Fernando Martins (futuro Santo Antônio de Lisboa)[147], São Roque, Luís de Anjou, Cristiano I da Dinamarca, Doroteia de Montau, entre vários outros.

Assim, como bem sintetiza um peregrino anônimo do século XIV, ao longo dos séculos medievais é possível dizer que Jerusalém se manteve como "a cidade santa das cidades santas, a chefe das nações, cabeça das províncias, chamada a cidade do Grande Rei, e colocada no meio da terra, como uma espécie de centro do universo para o qual todas as nações pudessem fluir". Roma, ao lado dessa cidade vista como "berço da nossa salvação" ou "mãe da fé", sobressaía como "a mãe dos fiéis, escolhida de Deus e santificada", pois nela tinham estado "os pés do Senhor" e, por tudo isso, era "frequentada por todas as nações sob o céu"[148].

Visita ao túmulo do "mata-mouros": Santiago de Compostela
Ao lado dessas cidades-centro das peregrinações, cuja atração se justificava por terem sido santificadas pela presença de Cristo ou simplesmente por sua ação, mesmo que intermediada por outros, como os apóstolos, surge uma outra cidade de não pouco prestígio: Santiago de Compostela. Para além do fundamento certeiro do culto, a figura do Apóstolo Tiago, os demais elementos que o compõem são marcados

---

147. RUCQUOI. Peregrinos..., p. 59-60.
148. Account of the Holy Land, written about 1350 A.D. In: *Palestine Pilgrims' Text Society* – Guide-Book to Palestine (Circ. A.D. 1350). Londres: Hanover Square, 1894, p. 3-4 [Trad. de J.H. Bernard].

pela incerteza e vão se fixando do século VII ao XII. Diferentemente da peregrinação a Jerusalém, que era amparada em um portentoso e sólido guia escrito, a Bíblia, a compostelana se desenvolveu a partir de relatos orais e escritos difusos que difundiram pela Europa o "achamento" do corpo do apóstolo e o culto regional que se tinha desenvolvido em torno dele. O apelo legendário e até fantasioso manifestou-se nos pequenos detalhes que compõem a história do santo, cujo corpo miraculosamente partiu da Palestina e alcançou a Espanha.

Os primeiros relatos alegam que o Apóstolo Tiago havia sido evangelizador da província romana Gallaecia, e que seu corpo fora trazido de volta à Galiza e tinha sido enterrado por dois de seus discípulos, depois de seu martírio em Jerusalém, em 44 d.C.[149] Em uma compilação de vários escritos da primeira metade do século XII, feita em homenagem ao Apóstolo Tiago, o *Liber Sancti Jacobi* (*Codex Calixtinus*), uma carta atribuída ao Papa Leão III conta a forma miraculosa como os fiéis discípulos do apóstolo recolheram seu corpo e, no Porto de Jaffa, sem saber o que fazer, viram o desígnio divino materializado na forma de uma nave. Embarcaram nela levando "o discípulo de Nosso Redentor", primeiro dos apóstolos a ser vítima do martírio, e assistiram às suas velas serem insufladas "por ventos favoráveis", providenciais certamente, que os conduziram tranquilamente ao porto galego de Iria[150].

Séculos depois, de forma igualmente miraculosa, umas luzes atraíram para o suposto local do túmulo onde os dis-

---

149. LABARGE, M.W. *Medieval Travelers*. Nova York/Londres: W.W. Norton, 1983, p. 83-84.

150. Maravilhas de São Tiago, p. 67.

cípulos do apóstolo o teriam enterrado, no bosque de Libredón. A data exata da revelação é motivo de controvérsias; porém, teria sido na primeira metade do século IX e pelo Bispo Teodomiro de Iria Flavia. O ano de 838 reforça o papel desse bispo na descoberta, pois coincidiria com a intervenção do apóstolo contra os mouros e a favor de Ramiro I das Antúrias, o qual, contam as lendas, venceu porque tinha tido uma revelação de São Tiago através de um sonho. Começava-se, assim, a construir a figura do santo combatente de mouros, que veio a merecer mais tarde a alcunha de mata-mouros.

Do túmulo de onde miraculosamente saíram luzes, aos poucos emanaram milagres. Para alguns historiadores, esses funcionaram como uma espécie de estratégia de expansão do culto[151], mas não se deve pensar que tenha sido por mera propaganda consciente e com direção clara que o culto se desenvolveu, pois apenas se estendeu, de forma não linear, para além dos limites regionais no século X e só veio a ganhar substantiva importância a partir do século XII, por motivações diversas e nem todas racionais e elaboradas na forma escrita[152]. Antes dessa data, as notícias sobre os peregrinos e de onde eles vinham eram esparsas e imprecisas[153]. O primeiro estrangeiro conhecido a tomar a estrada para esse novo destino sagrado foi o bispo de Puy, Gotescaldo, em 951, que viajou, segundo relato de um monge do Mosteiro de Albelda, em La Rioja, "para implorar humildemente a misericórdia

---

151. PURKIS, W.J. *Crusading Spirituality in the Holy Land and Iberia, c. 1095-c. 1187.* Rochester, NY: Boydell, 2008, p. 143.

152. PARGA, L.V.; LACARRA, J.M.; RÍU, J.U. *Las peregrinaciones a Santiago de Compostela.* Tomo I. Madri: Blass, 1948, p. 41 [Ed. facsímile de 1948].

153. Ibid., p. 39.

de Deus e o sufrágio do Apóstolo Santiago"[154]. Este veio da Aquitânia e logo depois, em 959, tomou o mesmo rumo um abade catalão, Cesáreo. Outros se seguiram, mas sem alcançar seu alvo, em razão dos perigos da viagem, como foi o caso de Raimundo II, conde de Rouerge, que foi assassinado no caminho em 961.

Depois de 980, as condições para os peregrinos ficaram ameaçadas pelas invasões e saques movidos pelo al-andalus Almançor (ca. 938-1002) e pelo incêndio na cidade de Compostela. Mas o enfraquecimento do califado omíada da Espanha no século XI, a despeito das ofensivas dos almorávidas e dos almóadas, trouxe novo fôlego às peregrinações, já sob a égide da Reconquista – impulsionada por Sancho III o Grande (ca. 990/993-1035) – e sob a proteção do combatente incorpóreo de mouros, o Apóstolo Tiago, cujo túmulo – conta o relato do cronista marroquino Ibn Idari – tinha sido preservado até mesmo por Almançor – que destruiu a igreja, mas deixou o túmulo intacto[155]. Valões, flamengos, alemães, ingleses e até italianos tomaram o caminho do túmulo do santo que, então, trazia novo fôlego aos cristãos na luta contra seus principais inimigos naquela altura. Se a posse do corpo de São Pedro tinha amparado a autoridade espiritual de Roma, o corpo de São Bartolomeu e os restos mortais de São Mateus garantiram a Benevento e a Salerno a condição de arcebispados, o corpo de Tiago, por sua vez, deu à cidade galega um substantivo engrandecimento eclesiástico; estimulado pelos reis de Leão, que ambicionavam alcançar a

---

154. Ibid., p. 41.
155. Ibid., p. 46.

dignidade imperial com a ajuda da fama do santo apóstolo[156]. Por essa época, os bispos compostelanos começaram a tomar, ao lado dos de Roma, o título de "Bispo da Sede Apostólica", atribuído a São Rosendo em 974. Mas em 1049, o Papa Leão IX (1048-1054), temendo um cisma, excomungou o Bispo Crescônio por pretensão de querer equiparar Santiago de Compostela a Roma.

A fama da cidade seguiu em frente, apesar das ameaças externas, como as expedições normandas do final do século X e os receios da Cúria Romana quanto à rivalidade em relação a Roma. Em 1120, o Bispo Diego Gelmirez angariou do Papa Calisto II – a quem se atribui a autoria moral do *Liber Sancti Jacobi* – o estatuto de sé metropolitana para essa cidade, que anteriormente não tinha alcançado sequer a condição de bispado[157]. Antes disso, nas etapas da sua consolidação, os cuidados para com a Igreja tinham sido crescentes. Com o reconhecimento da descoberta das relíquias, o rei das Astúrias, Afonso II o Casto (759/760-842), garantiu-lhe uma igreja; no final do século IX, Afonso III o Grande (852-910), das Astúrias, a agraciou com uma basílica; no século XI, a catedral veio graças ao incentivo de Afonso VI de Leão e Castela (1047-1109). Como descreve o "livro V" do códice calistino, na cidade de Compostela se achavam dez igrejas, "entre as quais, situada no centro, resplandece gloriosa como a mais importante, a do gloriosíssimo Apóstolo Santiago". Tinha ela nove naves na parte inferior e seis na superior, e os seus diversos detalhes e dimensão levaram o autor a ava-

---

156. SUMPTION, J. *The Age of Pilgrimage*. Mahwah, NJ: HiddenSpring, 2003, p. 236-237.

157. Ibid., p. 238.

liar que nela não havia "nenhuma brecha nem defeito; está admiravelmente construída, é grande, espaçosa, luminosa, harmoniosa, de conveniente tamanho, bem proporcionada" etc. Tão notável, que mesmo aquele que acede "triste" à parte de cima das naves "se anima e alegra ao ver a esplêndida beleza deste templo"[158].

No século XII, as estradas ganharam do mesmo modo cuidados e foram estabelecidos lugares para hospedar peregrinos, como o Hospital de Santa Cristina e o de Roncesvalles. Para a segurança dos viajantes, foi criada a Ordem dos Cavaleiros de Santiago, e a Ordem dos Templários, a qual já existia anteriormente, passou também a cuidar do caminho e a favorecer a peregrinação. No citado guia, incluído como V livro do *Liber Sancti Jacobi*, cuja provável autoria é de Aymeric Picaud, presbítero de Parthenay-le-Vieux, este define igualmente, enumerando os santuários importantes, as quatro grandes direções das peregrinações a partir da proveniência dos viajantes devotos, as quais convergiam nos Pireneus, em Ostabat. A primeira via delimitada, que reunia peregrinos vindos de Arles e começava em Saint-Gilles, passava por Montpellier, pela montanha de Saint-Guilhem-le-Désert, Toulouse, onde começava o desafio para atravessar os Pireneus, pelo Vale de Aspe, por Somport, e chegava-se ao Hospital de Santa Cristina. A segunda iniciava-se em Le Puy, onde se juntavam os borgonheses e teutões. Depois seguia-se por Aubrac, pela Abadia de Sainte Foy (Fé) de Conques – onde se podia venerar suas relíquias –, e, entre outros lugares, passava-se por Moissac e continuava-se pelas cidades episcopais

---

158. *Guia del Viaje a Santiago (Libro V del Codice Calixtino)*. Madri: Real Academia de la Historia, 1927, p. 44.

(Lecture, Condom Eauze e Aire-sur l'Adour e Ostabat). A outra atravessava Limousin, nascendo em Vézelay e seguindo por Bourges, Limoges, Périgueux, até chegar à confluência de Ostabat. Por fim, vindo de Orléans ao norte, o outro caminho passava pelo túmulo de São Martinho em Tours, depois por Poitou – glorificada no guia –, Montbazon e outros lugares até Poitiers, onde estavam as relíquias de Santo Hilário. Seguiam, e depois de Bordeaux chegavam também a Ostabat.

No período do seu apogeu, entre os séculos XI e XII, grandes homens, tais como Guilherme V, Duque da Aquitânia, e o Rei Knut da Dinamarca, não visaram apenas Roma, mas vislumbraram as benesses do combatente dos infiéis, e enfrentaram esses caminhos. Para não falar dos de pequena condição, ou seja, dos muitos anônimos mencionados no *Liber Sancti Jacobi*, outros mais ou menos célebres também enfrentaram a estrada, como: o inglês Ansgot de Burwell[159]; Matilda, filha do rei da Inglaterra, Henrique I; Guilherme X da Aquitânia, que morreu diante do túmulo do apóstolo; os cruzados ingleses e flamengos, que em 1147 foram para Lisboa para a tomada da cidade aos mouros; o Bispo Henrique de Winchester; Nicolas, o bispo de Cambray; Luís VII da França e muitos outros. Esses nobres peregrinos são, sem dúvida, os mais conhecidos, mas as histórias das vidas de santos fazem igualmente referência a outros tipos devotos de relevo, os santos. Teriam visitado o túmulo do apóstolo, por exemplo, São Morando, Santa Bona de Pisa, Santo Alberto e São Domingos de Guzmão[160]. A peregrinação tinha, nesta

---

159. PARGA; LACARRA & RÍU. *Las peregrinaciones...* Op. cit. Tomo II, p. 51.

160. Ibid., p. 69.

altura em que a reputação legendária do túmulo do apóstolo estava consolidada, se tornado tão comum que, no século XII, há notícias de que os condes de Barcelona criaram uma espécie de serviço oficial de guias para pessoas nobres que iam ou voltavam de Compostela[161]. Todos esses fatores contribuíram para que o Caminho de Santiago prosperasse também como uma importante rota comercial[162].

Alimentavam a coragem dos peregrinos, para além da história do "insigne eleito" de Cristo, que o livro III do *Liber Sancti Jacobi* apresenta como "inspirado pelo Espírito Santo" e, por isso, "de eloquência insuperável"[163], os muitos milagres que foram dados a conhecer como de sua autoria. Reunidos no livro II do referido *Liber* em homenagem ao apóstolo, os milagres são precedidos por uma introdução atribuída ao Papa Calisto II, em que este tanto destaca a diversidade das intervenções do santo pelos mais diversos lugares – Galiza, França, Alemanha, Itália, Hungria, Dácia – quanto o cuidado para reunir na coletânea panegírica apenas os milagres considerados "verdadeiros por veracíssimas afirmações de homens veracíssimos"[164]. Se a reiteração da verdade do narrado ou o teor do que ali se seguia foi o que pesou para o prestígio do livro, não se pode saber precisamente, mas é certo que esta foi a parte mais conhecida do códice do século XII, assim organizado: o primeiro livro abarcava sermões e

---

161. Ibid., p. 64-65.

162. SUMPTION. *The Age of Pilgrimage*, p. 238.

163. MALEVAL, M.A.T. *Maravilhas de São Tiago* – Narrativas do *Liber Sancti Jacobi (Codex Calixtinus)*. Niterói: EdUFF, p. 55.

164. *Liber Sancti Jacobi* – Codex Calixtinus, Liber, livro II [Disponível em http://www.caminosantiagoencadiz.org/index/CodexCalixtinus/CodexCalixtinus.html].

ofícios litúrgicos; o segundo, os ditos 22 milagres; o terceiro descrevia o traslado do corpo da Palestina à Galiza; o quarto era destinado a recordar as façanhas de Carlos Magno na Espanha; o quinto, referido anteriormente, apresentava-se como um guia de Compostela.

A matéria moralizante e o protagonismo do inimigo muçulmano como exemplo contrário salta aos olhos no segundo livro, ficando claros logo no primeiro milagre, em que o santo liberta do jugo deste inimigo "vinte varões regenerados com a água da fé"[165]. A seguir, da peregrinação penitencial, passando pela advertência a vícios como a infidelidade, a cobiça, a desonestidade, e tocando em temas como o arrependimento, o perdão, a promessa, o castigo, as tentações do demônio, todo o poder do santo como intercessor junto a Deus vai se evidenciando. Mas sua singularidade em relação aos seus congêneres se sobressai nas intervenções em favor dos cristãos e contra os muçulmanos, ou seja, naquelas em que assume – como faz no milagre XIX a um seu devoto – seu papel de cavaleiro de Deus na luta contra os moabitas. Nessa narrativa específica, ele aparece "vestido em altíssimas roupas e portando armas que sobrepujam em brilho aos raios do sol, como um perfeito cavaleiro"[166], e anuncia a retomada de Coimbra aos mouros por Fernando I, de Castela.

Nos séculos seguintes, o prestígio de Compostela continuou, como ilustram as notícias diversas. Mas duas delas, uma positiva e outra negativa, são especialmente curiosas para ilustrar a liderança do apóstolo no impulso a essa forma

---

165. MALEVAL. *Maravilhas de São Tiago*, p. 101.
166. Ibid. Milagre 19, p. 169.

tão persistente da devoção medieval, como foi a peregrinação. Quando o franciscano Guilherme de Rubruck viajou, em 1253, para as terras dos mongóis no Oriente, encontrou um monge nestoriano que se preparava para peregrinar a Compostela[167]. Já no século XV, o médico, geógrafo e astrônomo alemão Jerônimo Münzer registra uma impressão nada elogiosa para os compostelanos, que então viviam de explorar peregrinos. Segundo ele, embora a terra fosse fértil, "a gente era porca [...] e extremamente preguiçosa", tendo "quase por completo abandonado o cultivo da terra, sendo numerosíssimas as pessoas que não vivem mais do que de explorar os peregrinos"[168].

Entendida como símbolo da vida terrena, que nada mais seria que uma passagem, a peregrinação ganhou formas diversas, como vimos, oscilando entre sacrifício e compensação. Os que partiam deixavam aquilo que amavam, mas vislumbravam a salvação ou ao menos o perdão; por isso, peregrinar ao mesmo tempo conciliava medo e desejo, dependendo, mais que de outras, de duas virtudes teologais: fé e esperança.

---

167. GUILHERME DE RUBRUC. Itinerário. In: *Crônicas de viagem* – Franciscanos no Extremo Oriente antes de Marco Polo (1245-1330). Porto Alegre/Bragança Paulista: Edipucrs/Edusf, 2005, p. 197 [Trad. de Ildefonso Silveira e Ary E. Pintarelli].

168. HIERONYMUS MÜNZER. *Itinerary and Discovery of Guinea*. Londres: James Firth, 2004, p. 99 [Trad. e notas de James Firt].

2

Nos passos de Cristo e de seus apóstolos

Relatos de viagem e peregrinações

Renata Cristina de Sousa Nascimento

Estar em contato com os lugares santos produz uma experiência mística de grande valor; significa rememorar um acontecimento sublime, sagrado. Para os peregrinos, poder estar presencialmente nos locais da vida e da paixão de Cristo representava a oportunidade de vivenciar seu sacrifício pela humanidade, testemunhando sua passagem sobre a Terra. A carga histórica e simbólica desses espaços de devoção estava presente nos locais citados nas Sagradas Escrituras e também nas cidades que possuíam os corpos dos apóstolos e mártires do cristianismo. Para além da localização das cenas bíblicas e dos lugares de sepultura dos santos é preciso inserir nas rotas dos peregrinos o desejo de venerar objetos associados à memória espiritual do cristianismo, as relíquias. Estas representavam a oportunidade de uma comunicação direta com Deus, a materialidade do sagrado, trazendo prestígio ao local em que se encontravam. Na Idade Média a cidade de Constantinopla era possuidora de uma invejável coleção de relíquias, associadas tanto à vida de Cristo quanto à de seus apóstolos.

O mosaico de representações do sagrado propiciava aos cristãos a possibilidade prática de sua fé. Acreditava-se que, mesmo nos menores fragmentos, a integralidade física dos santos estaria presente. A experiência proporcionada pela visita aos locais de veneração foi, por diversas vezes, compartilhada com outros cristãos, através de narrativas de viagens. O ato de peregrinar era uma oportunidade de ascese e deveria ser vivido plenamente, independente de obstáculos, pois estes seriam transpostos pela vontade de superação. Entre esses relatos escolhemos alguns que revelam o que era a prática de peregrinação, tanto para o crente dos primeiros séculos da ascensão da Igreja cristã quanto do período medieval.

A construção de uma geografia sagrada na Palestina serviria de exemplo para a proliferação de outros ambientes, nos quais a devoção aos eventos relacionados à história cristã pudesse ser experimentada coletivamente. A memória coletiva de um mesmo acontecimento pode incidir sobre consciências distintas. "Mas, será um mesmo acontecimento, se cada um desses pensamentos o representa à sua maneira e o traduz em sua linguagem?"[169]

1 A Peregrinação na Antiguidade Tardia: Helena e a identificação dos lugares santos (século IV)

"Aí estão duas igrejas veneráveis e magníficas, dignas de memória que a Augusta Helena, mãe religiosíssima, de um religiosíssimo imperador, fundou como testemunha de honra a Deus, seu salvador"[170]. Assim se refere o Bispo Eusébio

---

169. HALBWACHS, M. *A memória coletiva*. São Paulo: Centauro, 2003, p. 140.

170. CESAREIA, E. *Vida de Constantino*. Madri: Gredos, 1994, p. 292.

de Cesareia[171], às igrejas do Santo Sepulcro e da Ascensão, no Monte das Oliveiras. A identificação dos espaços sagrados, citados nos evangelhos, deve-se à peregrinação de Helena, mãe do Imperador Constantino, à Palestina, realizada provavelmente por volta do ano de 326. A santidade da cidade, ainda presente no que havia restado do templo judeu, deveria ser desviada para a Nova Jerusalém, reconstruída sob a égide do cristianismo. Aelia Capitolina, nome grego da cidade, havia perdido a magnificência, após sua destruição total iniciada por Tito Flávio Vespasiano Augusto, imperador romano, entre os anos de 79 a 81. No século II, Adriano (76-138), pertencente à Dinastia dos Antoninos, havia mandado construir o templo à deusa Afrodite, sob o Gólgota. O redimensionamento da memória espacial da cidade santa foi obra do Imperador Constantino (272-337), que através de um programa de reconstrução garantiu a aproximação dos fiéis à historicidade da fé, expressa na monumentalidade das igrejas cristãs, transformadas pouco a pouco em centros de peregrinação.

Para que a cristianização de Jerusalém realmente se efetivasse era necessário delimitar seus locais de culto. Era preciso alimentar a religiosidade popular, ritualizando a memória do sacrifício de Cristo pela humanidade. Não se deve perder de vista que a exaltação dos locais da paixão corresponde à luta pela primazia da igreja de Aelia sobre suas concorrentes na Palestina. "São Cirilo de Jerusalém, eleito bispo em 350 e sucessor de Macário, foi um dos principais incentivadores da veneração dos lugares santos; acreditava que, por meio

---

171. Viveu entre 263 e 340 d.C.

destes, os cristãos poderiam entrar em contato direto com o sagrado"[172].

O levantamento desse patrimônio espiritual na Terra Santa teve como auge o episódio do "achamento da Santa Cruz" e a descoberta do túmulo de Cristo em 326. Quando Helena resolveu empreender sua peregrinação havia quase três séculos que não se tinha informações sobre o local exato do Calvário, pois as constantes guerras contra os romanos haviam modificado a topografia da cidade de Jerusalém e das localidades mais próximas a esta. A devastação da cidade, os terremotos, as disputas entre gregos e judeus e as perseguições fizeram da região uma praça de guerra. Era preciso recuperar a tradição, expressa, de modo discursivo, nos evangelhos. Nas Sagradas Escrituras era possível encontrar o mapa da trajetória do Messias, desde seu nascimento até sua morte na cruz. Recuperar os símbolos de martírio e de seu sacrifício pela humanidade era obra urgente a ser realizada, importante para o revivescer da fé. Foi nesse intuito que a busca pelas relíquias da paixão efetivou-se. Após a delimitação dos locais prováveis da via-sacra e a destruição do templo de Afrodite, as escavações começaram. Inicialmente foram achadas três cruzes. De acordo com a Legenda Áurea[173], ninguém seria capaz de distinguir a cruz de Cristo da dos ladrões. Desse modo, a confirmação da verdadeira cruz se deu por meio de prodígios. Uma das narrativas, presentes ainda na Legenda Áurea, afirma que, ao entrar em conta-

---

172. NASCIMENTO, R.C.S. As santas relíquias: tesouros espirituais e políticos. In: *Revista Diálogos Mediterrânicos*, n. 6, jun./2014, p. 58 [Curitiba: UFPR] [Disponível em file:///C:/Users/Renata/Downloads/111-851-1-PB%20(7).pdf].

173. VARAZE, J. *Legenda Áurea* – Vidas de Santos. São Paulo: Companhia das Letras, 2003, p. 418-419 [Trad. de Hilário Franco Jr.].

to com um defunto, a verdadeira cruz o teria ressuscitado. "Ambrósio, por sua vez, diz que Macário distinguiu a cruz do Senhor pela placa que Pilatos ali mandara pregar, e cuja inscrição ainda era legível"[174].

A autenticidade da rota, dada através da visita da mãe de Constantino à região, gerou a possibilidade concreta de partilhar da aproximação e comunhão com a narrativa bíblica. Existem também tradições de origem síria sobre o "achamento" da Vera Cruz, como a Legenda de Protonike e a de Judas Cyriacus. Independente desse fato, foi mediante a autoridade e poder do Imperador Constantino que os templos de maior prestígio na Palestina foram edificados, incluindo também a Igreja da Natividade em Belém. Ainda, de acordo com Eusébio de Cesareia, a Nova Jerusalém era uma réplica daquela célebre cidade dos tempos do Rei Davi. Por ter assassinado o salvador, a mesma teria experimentado a desolação extrema, pagando seus moradores o que mereciam. "Frente a ela o imperador elevou às alturas um monumento à salvífica vitória contra a morte, com rica e ambiciosa prodigalidade, sendo talvez esta a segunda e novíssima Jerusalém, anunciada pelos proféticos oráculos [...] que exaltam as Escrituras"[175]. Esta santa cidade tornou-se o centro da ortodoxia nicena. Realidade palpável da humanidade de Jesus.

É interessante observar a participação do poder público na organização do culto aos lugares santos e a utilização das relíquias enquanto fator de prestígio e autoridade. De volta a Roma, e de posse de alguns fragmentos considerados relíquias, Santa Helena mandou remodelar o Palácio *Sessoria-*

---

174. Ibid., p. 419.

175. CESAREIA, E. *Vida de Constantino.* Op. cit., p. 295-296.

num, transformando-o na Basílica de Santa Cruz de Jerusalém. Para lá transportou um dos pedaços do Santo Lenho, cravos da crucificação, e grande quantidade de terra, que havia trazido da Palestina. A Igreja de Santa Cruz tornou-se um importante local de peregrinação na cidade eterna. Posteriormente, outras relíquias foram incorporadas ao tesouro da basílica, ficando expostas à veneração pública. Atualmente ocupam um espaço próprio, denominado Capela das Relíquias.

Fonte: Acervo da autora.

Etéria: uma viajante em busca das cenas bíblicas

Com a identificação e legitimação da rota para a Palestina, a afluência de cristãos, ávidos por rememorar a história da salvação, acentuou-se. Entre estes estava Etéria (Egéria). Seus relatos constituem fontes fundamentais para o entendimento da vivência cristã na Antiguidade tardia. O testemunho deixado por essa viajante-peregrina destacou-se pela identificação da efervescente memória ritualizada presente nos primeiros séculos, sendo esta vivida intensamente em cada ato litúrgico. Não se sabe ao certo quem teria sido essa personagem e nem mesmo a data exata de sua peregrinação. "É certo, portanto, que a peregrinação se realizou após 363; também é certo que esta foi antes de 540, ano da destruição de Antioquia, que a autora não menciona"[176]. Esse relato ficou perdido por cerca de 700 anos. A cópia que atualmente conhecemos do manuscrito original foi realizada no século XI, em Arezzo, e só foi descoberta em 1884[177].

O que nos restou não indica o ponto de partida de Etéria, mas já apresenta sua posição, próxima ao Monte Sinai, a montanha sagrada de Deus[178]. Qual a importância simbólica dessa região? No Livro do Êxodo encontra-se a passagem de que Deus havia falado com Moisés exatamente nesse lugar. A viajante-peregrina relata a presença de muitos monges e ermidas instalados ali. No alto do Monte Sinai havia uma igreja sob a responsabilidade de um asceta. "Logo que saímos da igreja, depois de lermos, no próprio local, todo o passo correspondente do Livro de Moisés, depois de fazermos a oblação, segundo o costume, e de comungarmos, os presbíteros nos deram eulógias"[179], uma espécie de pão-bento que se oferece ao povo em sinal de comunhão.

---

176. BECKHÄUSER, A. Prefácio à obra *Peregrinação de Etéria* – Liturgia e catequese em Jerusalém no século IV. Petrópolis: Vozes, 1977, p. 13.

177. COELHO, M.F. Viagem e peregrinação na Antiguidade Tardia: narrativa do conhecido. In: *Projeto História*, n. 42, jun./2001, p 353.

178. *Peregrinação de Etéria...* Op. cit., p. 43.

179. Ibid., p. 46.

Em toda a narrativa é possível perceber a preocupação em ler textualmente, nas Sagradas Escrituras, a passagem correspondente ao lugar visitado, além das dificuldades vividas durante o percurso. Essa procura dos testemunhos visíveis e tácteis da ação de Deus na história é a base da peregrinação empreendida na Palestina e também em outros lugares.

Após a descida do Sinai, a autora nos conta sobre sua chegada ao Monte Horeb; aí também havia uma igreja. Fato curioso é seu relato sobre a existência no local do altar de pedra, que o Profeta Elias havia construído para oferecer a Deus um sacrifício. Nota-se a importância dada à tradição bíblica em seus pormenores e a necessidade dos cristãos da Igreja primitiva, de localizarem as provas materiais desses relatos. Não nos interessa aqui julgar se esses seriam mesmo os vestígios deixados pelos profetas do Antigo Testamento, mas sim entender sua importância simbólica. Fato presente no texto é o levantamento desse patrimônio espiritual, sua ressignificação, inserindo-o na tradição cristã. Outro aspecto vivo em toda a narrativa é o rito adotado por Etéria em sua *peregrinatio*. "Eu desejava sempre que, onde quer que chegássemos, lêssemos, no livro, o trecho correspondente"[180]. A sarça ardente, na qual Deus se revelara a Moisés, também é citada como ainda existente. "Esta é a sarça que mencionei, do meio da qual, em fogo, Deus falou a Moisés, e que está exatamente no lugar onde há os numerosos eremitérios e a igreja, na extremidade do vale"[181].

Sua presença no Egito é situada na cidade de Piton, edificada pelos hebreus quando foram escravizados ali, e também

---

180. Ibid., p. 48.
181. Ibid., p. 49.

Herópolis, cidade na qual José encontrou Jacó e seus irmãos. A autora nos revela suas impressões sobre os lugares, dizendo que Herópolis não passava de uma pequena aldeia com numerosos eremitérios de monges santos. Sua espiritualidade, curiosidade e felicidade, por ter tido o privilégio de estar em locais de grande santidade, transparece no texto, "porque eu queria conhecer a fundo os lugares por onde tinham andado os filhos de Israel"[182].

O epicentro de sua peregrinação é a Palestina. Ela narra sua visão do Rio Jordão e da cidade de Jericó: "Mostraram-nos ainda o local da estátua da mulher de Ló, lugar do qual também se trata na escritura"[183]. Este havia sido inundado pelas águas do Mar Morto. Em todos os lugares o ritual da visita era geralmente o mesmo: primeiro faziam uma oração; em seguida liam a Bíblia, destacando a passagem ligada ao local em que estavam; posteriormente recitavam um Salmo, de acordo com as circunstâncias necessárias ao momento vivido; ao final faziam oração. Em alguns momentos também havia a Comunhão. A ritualização caracteriza a seriedade e a devoção da peregrina. Outro aspecto que nos chama a atenção é a existência de monges e ermidas em praticamente todas as regiões nas quais esteve presente, expressando a força do monasticismo oriental. Em todos os momentos faz questão de destacar a santidade desses homens e sua solicitude ao desvendar o espaço, revelando detalhes da região, ligando-a ao que estava escrito na palavra divina. Estes seriam uma espécie de mediadores entre a peregrina e a peregrinação.

---

182. Ibid., p. 57.

183. Ibid., p. 61.

Seguindo ainda o *Itinerarium* de Etéria chega-se à cidade de Ausítis, na qual expressa seu desejo de rezar diante da sepultura de Jó. Os túmulos dos santos foram os primeiros locais de culto dos cristãos; essa prática revela a importância simbólica desses locais. No Livro de Jó encontra-se a descrição de suas virtudes, de suas aflições e a maneira com que enfrentou as adversidades e provações. Esse herói da fé, segundo a tradição, confiou plenamente nas misericórdias de Deus, e, mesmo nos piores momentos, não abandonou sua crença. Por ter se mantido fiel a Deus, Ele lhe devolveu em dobro tudo o que havia perdido. A perseverança fez do personagem um exemplo a ser seguido, sendo para a peregrina um privilégio imerecido estar naquela cidade. Ao dirigir-se a suas leitoras, a autora transmite a vontade de superar o cansaço vivido em sua trajetória; "se, todavia, se pode falar em fadiga quando alguém vê realizar-se o seu desejo"[184]. Outro momento de contrição foi vivido quando atingiu a fonte de água que formava um lago, onde São João Batista teria realizado parte de seu ministério e batizado seguidores. Essa vivência de peregrinação é uma leitura bíblica em imagens, em cenários, que conduzem a uma experiência mística especial.

Na segunda parte do texto temos a descrição da liturgia de Jerusalém, começando pela Igreja do Santo Sepulcro. Esta era dividida em três partes distintas: a *Anástasis*, o Calvário e o *Martyrium*. A *Anástasis* cobria o sepulcro do salvador. O Calvário consistia em uma elevação rochosa, encimada por uma cruz representativa. O *Martyrium* era composto de uma parte suntuosa na qual se encontrava a cripta da Invenção da

---

184. Ibid., p. 63.

Santa Cruz. Todas essas partes eram subdivididas em outras. O *Martyrium* era a igreja paroquial de Jerusalém, onde se celebravam os principais ofícios aos domingos e nos dias de festa[185].

Mapa do complexo que envolvia a Basílica do Santo Sepulcro

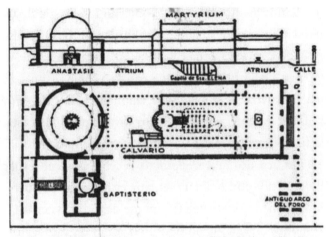

4. El Santo Sepulcro en la época de Constantino (Parrot)

Fonte: Disponível em http://www.templers.es/arquitectura.htm

Os rituais inseriam o crente em outra dimensão temporal, garantindo sua transcendência. Os locais santos não apenas lembravam o sagrado, mas o reproduziam no âmbito terreno. Participar dos atos litúrgicos era uma oportunidade de imitar Cristo, seguindo seus passos durante as procissões realizadas pelas ruas da cidade santa. Relíquias ligadas à paixão de Cristo estavam guardadas no *Martyrium* e eram exibidas nos dias festivos. Etéria apresenta a razão da

---

185. Ibid., p. 19.

descrição, em detalhes, dos ofícios semanais realizados nas igrejas de Jerusalém: "para que Vossa Bondade saiba que atos se praticam, aqui, dia a dia, nos lugares santos e porque lhe será agradável conhecê-los, devo descrevê-los"[186]. A quem a autora dirige seus relatos? Provavelmente às suas irmãs de fé, pois sempre interage com seus leitores usando um substantivo no feminino. Ao descrever os dias litúrgicos, dá destaque especial às intensas festividades realizadas em vários locais. As principais são: "a Epifania (Natal); a Apresentação de Jesus ao Templo; a Quaresma; a Semana Santa; a Vigília Pascal; a Semana da Páscoa; o Tempo Pascal, chamado Quinquagésima; a Ascensão e o Pentecostes"[187]. A narrativa também dá destaque à participação ativa do bispo em todas as cerimônias.

A Basílica do Santo Sepulcro recebia atenção especial, sendo que no sétimo dia da semana era tomada por peregrinos, que participavam coletivamente de todas as cerimônias. "No sétimo dia, isto é, no domingo, antes do cantar dos galos, reúne-se, tal como ocorre na Páscoa, a maior multidão possível nesse lugar, na basílica situada junto à Anástasis"[188]. Faz sempre questão de destacar a beleza das igrejas de Jerusalém: "no quarto dia, é no Eleona, isto é, na Igreja do Monte das Oliveiras, extraordinariamente bela, que se realizam a mesma ornamentação e as mesmas celebrações"[189]. Eleona localizava-se no declive do Monte das Oliveiras. Acreditava-se que Jesus teria passado aí os três dias que precederam à sua paixão e morte na cruz.

---

186. Ibid., p. 83.

187. Ibid., p. 19.

188. Ibid., p. 85.

189. Ibid., p. 89.

É detalhista quanto à descrição de todos os ofícios diários realizados pelos cristãos na cidade, sempre exaltando a emotividade dos participantes. No Getsêmani presencia a Sexta-feira da Paixão, onde ocorria a leitura, nos evangelhos, da passagem em que constava a prisão do Salvador. "Mal termina a leitura, tão grande é o clamor e o gemido de todo o povo, chorando, que, ao longe, na cidade talvez, é ouvido o lamento de todos eles"[190]. Momento épico e bastante esperado é a veneração do Santo Lenho, realizada na sexta hora da Sexta-feira da Paixão. Este ficava guardado e era exposto para que o povo pudesse venerá-lo em momentos especiais. "Porque é costume que todo o povo se aproxime, tanto os fiéis quanto os catecúmenos, um a um e, inclinando-se para a mesa, beijem o Santo Lenho e passem"[191]. Esse episódio nos mostra a busca pela realidade palpável da humanidade de Cristo. O toque nesses sagrados objetos representava, para o fiel, momento de êxtase. A autora nos oferece um interessante relato, bastante simbólico sobre esse costume: "E porque dizem ter alguém, não sei quando, cravado os dentes no Santo Lenho, roubando-lhe um pedaço; por isso é assim guardado agora pelos diáconos, que se postam em volta, para que ninguém ouse fazê-lo de novo"[192]. Os fiéis acreditavam nos dons milagrosos, que exalavam desses fragmentos seu perfil taumatúrgico. Por isso faziam questão de tocá-lo, beijá-lo e até de possuírem para si sua santidade. Daí os excessos, como ocorrido neste episódio: a imagem da morte e do sofrimento de Cristo estaria presente nesse fragmento. Mesmo sendo

---

190. Ibid., p. 100.

191. Ibid., p. 102.

192. Ibid.

um instrumento de martírio, a relíquia da Vera Cruz era singular, a mais preciosa de todas, pois teria tido um contato direto com o Messias, e representava em si mesma a prova de seu grande amor e sacrifício. "A dispersão das relíquias evidencia o corpo morto e a presença eterna do indivíduo excepcional, cujas exéquias jamais se concluem"[193]. É importante notar a importância, desde o início do cristianismo, da cruz de Cristo como elemento de legitimidade, artefato divino, símbolo de proteção e sacralidade.

Sobre as festividades em Belém, Etéria enfatiza as vigílias como ponto especial de religiosidade. "E as vigílias em Belém se realizam na igreja onde se acha a gruta na qual nasceu o Senhor"[194]. Este riquíssimo relato de peregrinação, vivido em sua plenitude, é fundamental para a compreensão da vida da Igreja cristã na Terra Santa, servindo de modelo às demais cidades nas quais o cristianismo iria se expandindo, inclusive posteriormente, no Ocidente medieval. Os lugares santos da Palestina constituíam provas irrefutáveis das narrativas bíblicas, da revelação de Deus à humanidade. É a história da salvação do homem e de sua redenção, ligando o Antigo ao Novo Testamento. Sua mensagem fazia parte do ambiente, presente em cada cena, servindo de catequese, de fonte educativa para os cristãos. A importância das liturgias encenadas também satisfazia os corações sedentos de fé e serviria para oficializar, do ponto de vista prático, a superioridade da revelação cristã frente ao conflito doutrinal persistente. Graças a esses esforços era

---

193. ALMEIDA, N.B. Hipóteses sobre a natureza da santidade: o santo, o herói e a morte. In: *Signum* – Revista da Abrem, n. 4, 2002, p. 17 [São Paulo: Fapesp].

194. *Peregrinação de Etéria...* Op. cit., p. 107.

possível amenizar a proliferação de grupos dissidentes, e também, especialmente em Jerusalém, fazer frente à religiosidade judaica. Outras construções seriam necessárias para delimitar os espaços cristãos no Oriente, mas a atração por Jerusalém permaneceria no imaginário medieval. A narrativa de Etéria nos oferece a oportunidade de reviver o ambiente dos primeiros séculos do cristianismo e de peregrinar com ela aos lugares santos.

3 As cruzadas e a devoção na Idade Média: São Luís, modelo de rei-peregrino

A trajetória devocional de Luís IX, nascido em 1214, pode ser dividida em três momentos complementares entre si: na revivescência tardia do ideal de Cruzada, visando reaver a tumba de Cristo das mãos dos infiéis; na proteção e cuidado com os pobres; e, por último, no esforço de tornar seu reinado um modelo a ser almejado por toda a Cristandade[195]. Em nossa abordagem daremos ênfase a dois aspectos que marcaram o perfil devocional de São Luís: sua obstinação por colecionar relíquias e sua participação e liderança na sétima e oitava Cruzadas, entendidas também como momento de contrição e peregrinação. A posse dos santos objetos foi significativa para a legitimação do poder real. A tradição assinala o costume dos monarcas de *Francia* de possuírem relíquias, desde os merovíngios até Carlos Magno, rei dos francos (768), e imperador do Ocidente em 800. Sabe-se que Carlos Magno recebeu diversas relíquias de presente; o Papa Leão III lhe deu as de Santa Étienne, obtendo igualmente re-

---

195. LE GOFF, J. São Luís (Luís IX) e Branca de Castela. In: LE GOFF, J. (org.). *Homens e mulheres na Idade Média*. São Paulo: Estação Liberdade, 2013, p. 240.

líquias da Terra Santa do patriarca de Constantinopla. Parte destas foram redistribuídas pelas igrejas do império[196]. A crença de que Carlos Magno teria uma invejável coleção de fragmentos sagrados só aparece tardiamente, não sendo este fato comprovado. De todo modo, o acesso direto ao sobrenatural, através destes objetos, traria prestígio e poder aos monarcas e a sua dinastia.

A força taumatúrgica emanada das relíquias de Cristo, da Virgem Maria e dos santos garantiria o sucesso do reinado e sua proteção, sacralizando a função real. Esses objetos ofereciam um contato direto com o divino, além do abstrato, sendo fundamentais para o protagonismo de quem os possuía, trazendo enorme importância aos locais de sua veneração. Jean de Joinville, Senescal de Champagne, foi o principal cronista do reinado de Luís IX, e destacou em suas obras o caráter de santidade de seu biografado[197]; mas foi o Arcebispo Gautier Cornut que narrou em detalhes um dos episódios mais conhecidos do apego do rei-santo às relíquias da paixão, o momento em que este adquiriu a coroa de espinhos, que a tradição cristã atribuía ao martírio do Salvador.

A emoção foi intensa quando se apresentou ao rei o relicário de ouro que contém essa relíquia. Verificou-se que o sinete dos barões latinos de Constantinopla, os expedidores, estava intacto, assim como o do doge de Veneza... Retirou-se a tampa e descobriu-se a inestimável joia. O rei, a rainha-

---

196. BOZÓKY, E. *La politique des reliques:* de Constantin à Saint Louis. Paris: Beauchesne, 2007, p. 136.

197. Joinville teria conhecido Luís IX em Chipre, provavelmente no ano de 1248, quando da preparação da Sétima Cruzada.

-mãe e seus companheiros foram dominados pela emoção, derramaram lágrimas abundantes, suspiraram seguidamente. Ficaram paralisados diante do objeto amorosamente desejado; seus espíritos devotos foram tocados de um tal fervor, que acreditaram ver diante deles o Senhor em pessoa, com a coroa de espinhos naquele momento"[198].

O percurso do santo objeto teria sido árduo, até sua estada definitiva em Sainte-Chapelle, catedral que o rei havia mandado construir para guardar suas relíquias, e, de modo especial, a coroa de espinhos. Esta teria sido comprada por aproximadamente 135.000 libras. A dispersão das relíquias bizantinas teve origem após a quarta Cruzada. O saque da cidade pelos cristãos em 1204 efetivou-se devido ao envolvimento do exército cruzado nas disputas palacianas dos bizantinos. Formados por francos e venezianos e liderados pelo Doge Enrico Dandolo, os cruzados varreram as riquezas da cidade durante três dias. As narrativas mais conhecidas sobre a quarta Cruzada e o saque de Constantinopla procederam do bizantino Nicetas Choniates[199], de Geoffrey de Villehardouin[200] e de Robert de Clari[201], do lado ocidental. Clari fez uma descrição das maravilhas da cidade, enumerando os objetos de arte e as riquezas encontradas. Em seu texto exalta o Convento dos Sete Apóstolos, conside-

---

198. CORNUT, G., apud LE GOFF, J. *São Luís* –Biografia. Rio de Janeiro: Record, 1999, p. 133.

199. CHONIATES, N. *O City of Byzantium:* Annals of Niketas Choniates (Byzantine Texts in Translation). Wayne State University Press, 1984.

200. VILLEHARDOUIN, G. *Memoirs or Chronicle of The Fourth Crusade and The Conquest of Constantinople.* Londres: J.M. Dent, 1908.

201. CLARI, R. *The Conquest of Constantinople.* Vancouver: Medieval Academy of America, 1996.

rado por ele mais esplendoroso que os demais: "E ali estavam enterrados sete corpos de apóstolos e encontrava-se a coluna de mármore a que Nosso Senhor foi atado antes de ser posto na cruz, e dizia-se que o Imperador Constantino e Helena ali estavam sepultados..."[202] O trono do Reino Latino de Constantinopla foi entregue a Balduíno IX, Conde de Flandres e Hainault, sendo coroado na Basílica de Santa Sofia em 16 de maio de 1204. A tentativa dos gregos (bizantinos) de reaverem sua cidade não tardou e, a partir do Império de Niceia, foram paulatinamente minando as possessões latinas nessa região. O sobrinho e segundo sucessor de Balduíno IX, o rei de Constantinopla, Balduíno II, foi até a França encontrar-se com seu primo Luís IX, na esperança de conseguir apoio do rei e da Cristandade contra o avanço grego. Nesse período ofereceu a São Luís e sua mãe, a Rainha Branca de Castela, a coroa de espinhos, pois os barões latinos de Constantinopla, pressionados por grande necessidade econômica, planejavam vender a sagrada relíquia. Temeroso de que esta caísse em mãos estrangeiras, e após hábil negociação, Balduíno II combinou a venda e translado da relíquia para a França[203]. Em êxtase a coroa foi recebida no reino em 1239.

Possuir esses tesouros espirituais não era tudo, também era preciso estar nos locais que emanavam santidade. O Reino de Jerusalém, fundado pelos cruzados na Palestina, havia sido perdido após a ocupação da cidade por Saladino,

---

202. CLARI, R., apud ROUSSET, P. *História das Cruzadas.* Petrópolis: Vozes, 1980, p. 181.

203. NASCIMENTO, R.C.S. As santas relíquias: tesouros espirituais e políticos. In: *Revista Diálogos Mediterrânicos*, n. 6, jun./2014, p. 60 [Curitiba: UFPR].

em 1187. Haviam se passado 84 anos desde a conquista da cidade pelos primeiros cruzados. Essa notícia abalou profundamente a Cristandade. Outras expedições foram direcionadas ao Oriente; porém, sem grandes sucessos. No ano de 1229, durante a sexta Cruzada, foi assinada uma trégua, mas em 1244 a cidade santa cairia mais uma vez, desta feita nas mãos dos turcos. Esperava-se então um enviado, alguém que pudesse libertar de vez os locais sagrados da concupiscência dos ímpios. Luís IX era o personagem perfeito para essa missão, sendo o líder da sétima Cruzada (1248-1254). Os preparativos se estenderam por três anos. Depois de reunir parte dos exércitos na Ilha de Chipre, foi decidido primeiramente atacar Damieta, no Egito; dali o plano seria a ampliação das conquistas. Jean de Joinville, que acompanharia o rei desde 1248, narrou o espírito dos cruzados no início do embarque, ainda na França: "Chegando perto de Marselha, nós embarcamos e conosco grande companhia de romeiros, e estando todos dentro da nau, o mestre fez subir os clérigos, e todos começaram a cantar *Venir Creator Spiritus*"[204]. A partida reacendeu o sentido inicial das Cruzadas, um movimento guerreiro, mas também uma grande peregrinação. Mesmo com o desgaste sofrido ao longo de quase três séculos, até aquele momento o imaginário da Cruzada, enquanto penitência, continuava vivo. Através das narrativas de Joinville e de seus contemporâneos, o Rei Luís seria conhecido como o cruzado perfeito.

---

204. JOINVILLE, J. *Cronica de San Luís, Rey de Francia*. Madri: Imprensa de Sancha, 1794, p. 41-42.

As últimas cruzadas no Oriente: espaços de ocupação

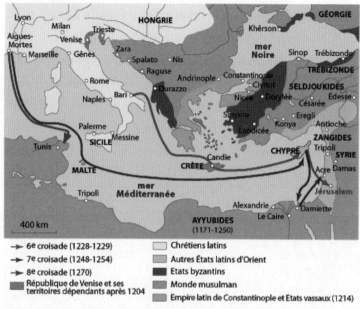

Fonte: Disponível em http://cafe.daum.net/_c21_/bbs_search_read?grpid=GwgL&fldid=3eQG&datanum=14709

Guiados pela bandeira de Saint-Denis, a investida em Damieta foi coroada pela vitória. Logo após a entrada na cidade o cronista nos informa que "o rei ordenou a todos os grandes senhores e prelados que viessem juntar-se a ele, porque queria tomar conselho sobre o que haveria de fazer dos bens e riquezas que se tinha achado"[205]. Como era costume, as mesquitas da localidade foram transformadas em igrejas. As ordens militares também receberiam edifícios e despojos de guerra. Após algum tempo o projeto de continuar atacando cidades egípcias foi retomado. Em 20 de novembro, os

---

205. Ibid., p. 58.

soldados francos deixariam Damieta, tomando a estrada sul para Mansurá. Uma forte guarnição foi deixada na cidade, com a rainha e o patriarca de Jerusalém[206]. Os confrontos foram ferozes e instáveis em Mansurá; as constantes disputas palacianas entre os mamelucos trouxeram esperança de que uma guerra civil estaria a caminho. De fato, a esperada revolução egípcia não aconteceu e, cercados, com seus navios capturados o exército cruzado foi derrotado. Na volta para Damieta os cristãos, surpreendidos pelos mamelucos, foram feitos cativos, incluindo o próprio rei e os principais barões. Como não sabiam bem o que fazer com tantos prisioneiros, vários homens foram degolados. As negociações continuaram lentamente. A devolução de Damieta foi acertada, além do pagamento de uma enorme quantia pelo resgate de Luís IX e de vários nobres. Em 1250 Damieta foi devolvida aos muçulmanos e o monarca transferido para Acre. Apesar da insistência materna para que voltasse ao reino da França, Luís preferiu permanecer por mais algum tempo na Palestina. Todavia, a morte de Branca de Castela em novembro de 1252 o obrigou a retornar. Essa experiência no Oriente não teria sido em vão. Joinville assinala que o perfil devotivo do rei, após o cativeiro no Egito, o período vivido na Palestina e a visão da morte de vários de seus soldados, foi acentuado[207]. Teria ocorrido uma espécie de amadurecimento espiritual e místico. A tristeza tomaria conta de sua alma. "Da simplicidade que sempre apregoou Luís, passou à austeridade. E desta austeridade fez também o princípio de sua política, que

---

206. RUNCIMAN, S. *História das Cruzadas* – O reino de Acre e as últimas Cruzadas. Vol. III. Rio de Janeiro: Imago, 2003, p. 236.

207. JOINVILLE, J. *Cronica de San Luís...* Op. cit., p. 202-208.

corresponderia daí em diante a um programa de penitência, de purificação, de ordem moral e religiosa"[208]. Aos poucos seus contemporâneos viram nascer o santo.

O desejo de voltar ao Oriente nunca abandonaria o rei. No começo de 1270 ordenou seu testamento, deixando grande herança a casas religiosas. Três anos antes já havia proclamado a vontade de partir novamente em Cruzada, após o estabelecimento de seu irmão Carlos d'Anjou na Sicília e na parte sul da Itália. Dessa forma, planejava secretamente iniciar a viagem pela Sardenha, como ocorreu. Túnis foi escolhida como alvo. A morte do Papa Clemente IV, em 1268, havia provocado uma vacância na Santa Sé e, até aquele momento, não solucionada. O desembarque ocorreu em Goleta, mas a epidemia de desinteria ou tifo alastrou-se entre os cruzados, matando grande parte do exército, inclusive São Luís. Seu perfil de santidade seria grandemente exaltado, sendo canonizado pelo Papa Bonifácio VIII em 1297. O corpo do rei-peregrino foi, enfim, considerado uma relíquia de prestígio para sua dinastia. Sendo o último rei canonizado na Idade Média.

4 Um guia para os caminhos de Santiago de Compostela
Longe da Terra Santa, os peregrinos do Ocidente também se inseriram, como se sabe, no tempo sagrado da vida de Cristo. Isso foi possível devido à crença na presença da tumba do Apóstolo Tiago Maior, filho de Zebedeu, na Península Ibérica. Esse túmulo, conforme a tradição, localiza-se, ainda hoje, na região da Galiza, sendo considerado pelos peregrinos um testemunho vivo da ação miraculosa de Deus entre os homens.

---

208. LE GOFF, J. *São Luís...* Op. cit., p. 196.

Tiago é conhecido como o evangelizador da Espanha, tendo presenciado a aparição de Nossa Senhora em Saragoza. De acordo com a Bíblia, após seu regresso à região da Judeia, teria sido martirizado e morto no ano de 44. O translado de seu corpo e o costume de veneração de sua tumba gerou uma série de narrativas que permearam os caminhos repletos de peregrinos que se dirigiam a Galiza, para aí venerarem.

O tempo narrado não é cronológico; é, entre outros, uma aventura espiritual em que a personalidade do narrador está comprometida em desvendar uma experiência de fé, dotada de valor existencial. Dentro dessa intencionalidade é que vários relatos foram construídos. Do achamento das relíquias do apóstolo até a estruturação dos caminhos que levariam a Santiago, a construção da legitimidade discursiva perpassou por intenções variadas; pelas disputas entre as igrejas de Compostela e Toledo, pela interferência régia e pelo desejo de inserir a localidade no eixo principal dos itinerários cristãos, no qual encontravam-se as cidades de Jerusalém e Roma. Os itinerários e as narrativas construídas ao longo dos caminhos informavam detalhadamente sobre a arquitetura dos templos das cidades pouco conhecidas, sobre as pessoas e as povoações. A peregrinação atingiria, no contexto medieval, sua efervescência maior no século XII. Foi nesse período que surgiu o *Liber Sancti Jacobi*, ou *Codex Calixtinus*. Este "foi escrito em latim, possivelmente entre os anos de 1160-1170, com matéria precedente, de várias procedências, embora sua autoria moral seja atribuída ao Papa Calisto II"[209].

Sua divisão compreende cinco partes, ou livros: a primeira refere-se aos ofícios litúrgicos, específicos para as festas em lou-

---

209. MALEVAL, M.A.T. *Maravilhas de São Tiago.* Op. cit., p. 19.

vor ao apóstolo; a segunda aos milagres, ocorridos na rota dos peregrinos e em outras localidades, através da interferência do santo; a terceira engloba narrativas sobre seus restos mortais, e como estes teriam chegado à Galiza; a quarta parte refere-se às lendas criadas ao redor das conquistas de Carlos Magno na *Hispania*, representando-o também como um típico cruzado da Terra Santa; a última parte ficou conhecida como o Guia do Peregrino de Santiago de Compostela[210]. O título do quinto livro foi dado por Jeanne Vielliard em 1938, quando o editou[211]. Inicialmente iremos escolher os livros dois e cinco, por se referirem mais especificamente à vivência dos peregrinos.

Os milagres desempenhavam um relevante papel na vida espiritual do crente e, como afirma Vauchez[212], eles constituíam um dos mais importantes meios de comunicação entre este mundo e o além; por isso os cristãos da Idade Média viviam permanentemente em busca de milagres e dispostos a identificá-los em qualquer fenômeno extraordinário. Os livros de milagres possuíam uma função especial: serviam para o apuramento devocional, que era comum no Ocidente. No contexto ibérico podemos citar o Livro dos milagres de Nossa Senhora da Oliveira, o Livro dos milagres dos mártires de Marrocos, entre outros. Dos vinte e dois milagres narrados no livro II do *Liber Sancti Jacobi*, o contexto apresentado se refere à ação miraculosa do apóstolo em vários lugares da Europa, nos caminhos da Terra Santa e, especialmente, durante a peregrinação a Santiago. Eles revelavam,

---

210. Ibid., p. 20.

211. VIELLIARD, J. *Le guide du pèlerin de Saint-Jacques de Compostelle*. Op. cit.

212. VAUCHEZ, A. *A espiritualidade da Idade Média ocidental (séculos VIII-XIII)*. Lisboa: Estampa, 1995.

em geral, experiências pessoais e situações adversas em que o fiel clamava pela ajuda poderosa do santo. Outra função era apresentar a cidade compostelana como um importante centro de peregrinação. Em todas as situações o poder da intercessão se fazia presente e a graça era alcançada. Entre essas narrativas, algumas são bastante elucidativas da religiosidade popular dirigida ao santo, como o milagre do menino que o apóstolo ressuscitou dentre os mortos nos Montes de Oca.

No ano de 1108 da encarnação do Senhor, em terras da França, certo varão, como era de costume, tomou mulher legitimamente, com esperança de descendência. Mas havendo vivido com ela muito tempo, não concretizou a sua esperança por causa dos seus pecados. Sofrendo profundamente por isso, porque necessitava de herdeiro natural, resolveu ir a São Tiago e de viva voz pedir-lhe um filho. Então, sem tardar chegou a seu sepulcro. E colocando-se em sua presença, chorando, vertendo lágrimas e suplicando-lhe de todo o coração, conseguiu merecer aquilo por que invocou o apóstolo de Deus. Assim, pois, segundo o costume, terminada a sua oração e depois de pedir permissão a São Tiago, regressou à sua pátria são e salvo. Após descansar três dias e havendo feito oração, juntou-se com a sua mulher. E grávida ela desta união, ao cumprir-se os meses, deu-lhe um filho no qual pôs cheio de alegria o nome do apóstolo[213].

A fé do crente foi aí recompensada pela força de sua oração. O que também é explicitado é que o santo se preocupava com os problemas cotidianos dos fiéis, revelando aspectos presentes no imaginário do milagre. A narrativa ainda apre-

---

213. *Maravilhas de São Tiago...* Op. cit., p. 107.

senta uma continuidade, pois, ao atingir 15 anos, o rapaz teria acompanhado os pais e vários parentes em uma nova peregrinação ao túmulo do apóstolo; porém, "havendo chegado com saúde até aos montes chamados de Oca, atacado ali por uma grave enfermidade, exalou a sua alma"[214]. O desespero tomou conta da família, mas a mãe clamou ao apóstolo. "Bem-aventurado São Tiago, a quem o Senhor concedeu tanto poder para dar-me um filho, devolva-mo agora. Devolva-mo, digo, porque podes"[215]. Então, quando já estavam preparando suas exéquias, o rapaz ressuscitou. Finalmente, dirigiu-se com seus pais a Compostela, contando a todos as maravilhas que tinham ocorrido com ele e sua família.

Outro milagre bastante interessante é o décimo segundo, chamado "Do cavaleiro", a quem o apóstolo livrou de uma enfermidade através do toque de uma concha. Este, estando em terras de Apúlia, foi acometido de um enorme inchaço em sua garganta. Como não achasse cura, e confiando no poder do santo, disse: "Se pudesse encontrar alguma concha das que costumam levar consigo os peregrinos que regressam de Santiago e tocasse com ela minha garganta enferma, teria cura imediata"[216]. E havendo encontrado a concha em casa de seu vizinho foi curado, indo o quanto antes ao sepulcro de Santiago. A crença na ação curativa, realizada por intermédio de um artefato divino confirma as emanações maravilhosas que rompiam a barreira do tempo e do espaço, estando investidas de enorme poder, por ter tido contato com a santidade. Estas narrativas, difundidas também oralmente, continham sentido exemplar

---

214. Ibid., p. 109.

215. Ibid.

216. Ibid., p. 139.

e pedagógico, e contribuíram para o aumento do número de peregrinos que se dirigiam à região. Os milagres eram recitados pelo trajeto, enchendo de esperança a alma dos fiéis.

A existência da tumba de um santo reforçava a veracidade e a continuidade de sua presença entre os vivos. À volta destes lugares de adoração foram construídas basílicas suntuosas, como em Compostela, de alto valor espiritual para a Cristandade. Era uma forma de monumentalizar a memória de um herói da fé, contribuindo para o enaltecimento de um território específico. Nos séculos XIV e XV se encaminharam até Santiago milhares de peregrinos a pé, a cavalo e de barco. Criam-se as rotas terrestre e marítima. Os pobres iam pedindo esmolas pelos caminhos, enquanto se formavam hospitais, albergues e confrarias de antigos peregrinos, acolhendo-os[217]. As hospedarias se enchiam; algumas cobravam preços abusivos. As rotas gradativamente começaram a ser delineadas, sendo, provavelmente, no final do século XI, delimitado o Caminho Francês, dos pireneus até a Basílica de Compostela. O Guia do Peregrino corresponde, como já foi dito, ao livro quinto do *Liber Sancti Jacobi*. Sua autoria é incerta, mas sua intenção é bastante clara; serviria como uma propaganda do *itinerarium* compostelano. "Os autores do *Liber* inventaram um caminho, ao mesmo tempo real e maravilhoso, que englobava os grandes santuários de peregrinação do século XI – Jerusalém, Roma, Saint-Martin de Tours, Vézelay, Le Puy... – em direção à basílica"[218].

---

217. RUCQUOI, A. Trece siglos por los caminhos de Santiago. In: *Revista Chilena de Estudios Medievalis*, n. 4, jul.-dez./2013, p. 101 [Santiago do Chile: Centro de Estudios Medievalis/Universidad Gabriela Mistral].

218. RUCQUOI, A. O caminho de Santiago – A criação de um Itinerário. In: *Signum – Revista da Abrem*, n. 9, 2007, p. 101 [São Paulo: Fapesp].

O Guia do Peregrino de Santiago de Compostela teria sido obra encomendada, e não uma composição autônoma. Informando sobre as cidades que faziam parte do trajeto, ele criou uma rota padrão e, ao mesmo tempo, fez divulgação da peregrinação. É subdividido em sete pequenos capítulos detalhando as características do percurso, apelando também para a imaginação dos fiéis. Esse reforço discursivo legitimava a presença dos restos mortais do apóstolo de Cristo nas terras da Galiza. "Há quatro rotas que levam a Santiago; reúnem-se na Ponte da Rainha, em território espanhol. Uma passa por Saint Gilles, Montpelier, Toulosse e Le Samport"[219]. Há um conjunto de igrejas no caminho de Santiago. Em todas observava-se a presença de relíquias, atrações para os devotos que iam acrescentando à sua experiência a espiritualidade destes lugares. "A definição tipológica do grupo de peregrinação seria: igrejas que combinam basílica e *martiryum*, para oferecer uma resposta prática e simbólica à devoção das massas"[220]. O cenário sacro fomentava os diversos ritos de purificação realizados, e recompensava o devoto jacobeu pelo esforço, cansaço físico e pelos sofrimentos e dificuldades enfrentados no percurso.

Além de traçar os caminhos que levavam a Compostela, o Guia oferecia uma descrição ampla da catedral. Os três capítulos finais são totalmente consagrados à Igreja de Santiago e ao acolhimento dado aos fiéis. A chegada à cidade era o ápice do percurso. A construção da basílica, amplamente descrita no capítulo nove do Guia dos Peregrinos, só começou por volta de 1075, sob a autoridade dos arquitetos Bernardo e Roberto,

---

219. VIELLIARD, J. *Le guide du pèlerin de Saint-Jacques de Compostelle*. Op. cit., p. 3.

220. SINGUL, F. *O caminho de Santiago* – A peregrinação ocidental na Idade Média. Rio de Janeiro: Uerj, 1999, p. 137.

e durou quarenta e quatro anos, segundo os autores; ou seja, até os anos de 1122-1124[221]. Quando o *itinerarium* foi composto, provavelmente a construção ainda era bastante nova. Seu esplendor não deixa de ser realçado pelo autor (ou autores), do Guia. Sempre recebia os peregrinos com as portas abertas, dia e noite. A suntuosidade do local e a espiritualidade presente em cada detalhe da basílica elevava a alma do devoto, inserindo-o na Jerusalém celeste, fazendo todo o esforço da jornada valer a pena. Todos os caminhos levavam a Compostela, e as milhares de pessoas que para lá se dirigiram tiveram que vivenciar todos os itinerários possíveis através da Europa. É preciso também considerar que a região da Galícia era longínqua, periférica, um *finisterra,* mas representava uma fronteira contra o mouro infiel, pelo menos até o século XV.

Encontram-se relatos sobre a visita de distintos personagens à região. Citemos, a título de exemplo, a peregrinação da rainha Santa Isabel de Portugal, realizada no ano de 1325. No "Livro que fala da boa vida que fez a raynha de Portugal, Dona Isabel, e dos seus boons feitos e milagres em sua vida e depoys da morte", destaca-se o perfil devocional da rainha, que seria objeto de exaltação de seus hagiógrafos: "E, antes que se cumprisse o ano do dia do passamento do rei, começou esta rainha o caminho [...] para ir à igreja em romaria onde jaz o corpo de Santiago apóstolo". E mais adiante: "E em dia de festa ofereceu esta rainha ao Apóstolo Santiago a mais nobre coroa que ela tinha, com muitas pedras preciosas, e os mais nobres e melhores panos [...]"[222].

---

221. RUCQUOI, A. O caminho de Santiago... Op. cit., p. 108.

222. Apud MARTINS, M. *Peregrinações e livros de milagres na Idade Média.* Lisboa: Brotéria, 1957, p. 121.

As doações eram frequentes e ajudavam a manter a beleza e a suntuosidade da cidade. A origem dos peregrinos era bastante variada, podendo pertencer a diversas camadas sociais. A ênfase da peregrinação residia então em uma prova física do corpo e do espaço. Participando ritualmente de cada ato litúrgico, eles acreditavam estar mais perto da sacralidade, conseguindo o perdão de seus pecados e a cura de sua alma. Os relatos elaborados tinham sempre uma forte motivação histórica, eram em geral pedagógicos, mas nem sempre podemos considerá-los ficcionais, pois em sua maioria partiam de um acontecimento confirmado por alguma documentação existente[223].

5 Literatura de viagens e imaginário cristão: de *Marco Polo* aos relatos de *Jean de Mandeville*

A relação entre o viajante e as terras que ele atravessava era vivida com intensidade, expressando um momento de experiência, e para o cristão medieval, de inserção na história sagrada. Nas narrativas destaca-se a ausência de separação entre história, lenda, e mito, ocorrendo sempre a presença do fantástico e das utopias. O trajeto revelava a devoção do itinerante, mesmo quando este não tinha o objetivo de realizar uma peregrinação formal. Marco Polo, mercador genovês, fez parte deste gênero de viajantes, e sua menção, ao se tratar de literatura de viagens, é sempre obrigatória. Ao tornar-se prisioneiro dos genoveses em 1298, após a Batalha de Curzola, rememorou, no cativeiro e sob a mediação de Rustichello de Pisa, a aventura mais conhecida do imaginário

---

223. FERNANDES, F.R. O poder do relato na Idade Média portuguesa – A Batalha do Salado de 1340. In: GUIMARÃES, M.L. *Por São Jorge! Por São Tiago!* – Batalhas e narrativas ibéricas medievais. Curitiba: UFPR, 2013.

medieval, escrita em *O livro das maravilhas*[224]. Este integrou ou motivou antologias de relatos de viagem como expressão do conhecimento empírico dos viajantes, gerou produções literárias, cartográficas, e também imagéticas, de ilustrações do período medieval ao cinema[225]. Em seus relatos, as histórias das Sagradas Escrituras foram redimensionadas por sua experiência pessoal. A Bíblia ganhou vida diante de seus olhos, trazendo acontecimentos distantes para perto de si, em que o passado se fazia presente.

Os eventos vividos e os lugares visitados inseriam-se em sua concepção do sagrado: no mundo físico era possível encontrar Deus; o domínio entre o real e o imaginário mostrava-se variável e flexível; durante seu périplo pelo Oriente situam-se as narrativas relacionadas ao universo bíblico; também os milagres constituíram parte importante de *O livro das maravilhas*; foi na Armênia Maior que Polo diz ter encontrado a Arca de Noé[226]; na Pérsia, os magníficos túmulos dos três reis magos: Baltazar, Gaspar e Belchior[227]; na Ásia, em uma pequena cidade da Província de Maabar, localizou o corpo de São Tomé[228]; os reinos de Gog e Magog, na Província de Tenduc[229]. Presenciar a existência dessas maravilhas era romper a fronteira entre o natural e o sobrenatural, entre o vivido e o imaginado. A ênfase nesses elementos traria

---

224. POLO, M. *O livro das maravilhas*. Porto Alegre: L&PM, 2004 [Trad. de Elói Braga Junior].

225. DORÉ. A. Encontros no cativeiro entre o Mediterrâneo e o Oceano Índico (séculos XIII-XVII). In: *Revista Diálogos Mediterrânicos*, n. 8, jun./2005, p. 311 [Curitiba: UFPR].

226. POLO, M. *O livro das maravilhas*. Op. cit., p. 52.

227. Ibid., p. 61-62.

228. Ibid., p. 225.

229. Ibid., p. 110.

prestígio e autenticidade ao relato, pois era uma experiência almejada por seus contemporâneos, sendo também uma forma de entrar no campo do sagrado, de provar a existência material do divino.

Outro relato bastante significativo, e que teve importante divulgação desde sua primeira compilação, foram as *Viagens de Jean de Mandeville*; uma reunião de narrativas, roteiros e crônicas já conhecidas, compostas por um pseudoviajante no século XIV. Foi uma obra de informação geográfica e de leitura popular, havendo uma relação entre esse texto e outros, que lhes são anteriores. Existem muitas dúvidas sobre quem teria sido autor desses relatos, incluindo aí a veracidade de suas viagens[230]. Seria *Mandeville* um religioso? Ele realmente existiu, ou foi alguém que conferiu unidade a uma reunião de narrativas? Na introdução à tradução da obra, França[231] nos diz que, à primeira vista, essa se estrutura como um relato de peregrinação, que tem como característica fundamental a reunião de notas recolhidas diariamente por um devoto em sua jornada, e organizadas durante a viagem ou depois de seu retorno. Sua experiência se encaixou no perfil dos peregrinos do final da Idade Média; é assim que

---

230. "Se a identidade de Jean de Mandeville é, desde o século XIX, um mistério para os estudiosos, estes não hesitam em afirmar, em contrapartida, que *Viagens de Jean de Mandeville* ou *Livro das maravilhas do mundo* – finalizado em 1356-1357 – foi um dos livros mais populares na Europa do final do século XIV e dos séculos XV e XVI, provavelmente o mais conhecido e amplamente lido, pelo menos até o Quatrocentos. Sucesso notável pelos aproximadamente 250 manuscritos conhecidos nas mais diversas línguas europeias e pelas 80 edições realizadas a partir do final do século XV." Neste momento escolhemos trabalhar com a edição brasileira do manuscrito, traduzida e editada por Susani França. (*Viagens de Jean de Mandeville*. Bauru: Edusc, 2007) [Tradução, introdução e notas de Susani Silveira Lemos França].

231. *Viagens de Jean de Mandeville*. Op. cit., p. 19.

iremos avaliar seu percurso, caracterizando-o, na primeira parte de seu livro, como um narrador-peregrino.

O livro está dividido em dois momentos claramente demarcados pelo autor. O primeiro tem por título: A Terra Santa e o Oriente Próximo, englobando os 15 capítulos iniciais. O segundo momento intitula-se: Os países que estão mais além da Terra Santa, indo do capítulo 16 ao 24. Dentro da proposta de peregrinar com *Mandeville,* iremos nos deter na primeira parte da obra. No prólogo o autor já nos oferece o fio condutor de sua rota: "Entre as terras de além-mar, aquela chamada Terra Santa e conhecida como Terra Prometida é a mais digna e a mais excelente, senhora e soberana de todas as demais, e é abençoada, santificada e consagrada com o precioso Corpo e Sangue de Nosso Senhor [...]"[232]. Buscando a história da redenção ele acrescenta: "E nessa mui digna terra Ele quis levar sua vida, foi injuriado pelos cruéis judeus, sofreu a paixão e foi morto; tudo por amor a todos nós, para nos salvar e livrar das penas do inferno"[233]. Jerusalém foi apresentada como o umbigo do mundo, reproduzindo a concepção medieval do espaço: "E essa terra, que era primeiramente dos judeus, foi por Ele escolhida entre as outras como a melhor, a mais virtuosa e a mais digna do mundo, pois é o coração e o centro de toda a terra do mundo"[234]. E mais adiante: "Também o criador de todo o universo quis padecer por nós em Jerusalém, que está no centro do mundo"[235]. A aura mítica da santa cidade solidificou-se no ima-

---

232. Ibid., p. 33.

233. Ibid.

234. Ibid.

235. Ibid., p. 34.

ginário, tornando-se essencial para se entender a cartografia terrestre. A Bíblia foi o âmago, o padrão para as representações do *mappaemundi* medieval.

O estilo cartográfico estava baseado na nomenclatura TO, que sugeria o Cristo crucificado (T) e o oceano (O), circunscrevendo todo o orbe. Outros elementos recorrentes permeavam a geografia medieval: Jerusalém como centro do mundo; a divisão deste em três partes: Europa, Ásia e África; O paraíso terrestre, de onde nasceriam os rios mais importantes da Terra, e a presença de ícones bíblicos. Um exemplo desse tipo de representação se encontra no Mapa de Psalter (1250).

Fonte: Disponível em: http://www.scielo.br/scielo.php?pid=s0104-59702000000400009&script=sci_arttext

Imbuído das imagens de seu tempo, o autor se apresenta como *Jean de Mandeville*, cavaleiro, nascido na Inglaterra no dia de São Miguel, no ano de 1322, indicando todos os lugares pelos quais havia passado. "Passei pela Turquia, Armênia, a Pequena e a Grande, pela Tartária, Pérsia, Síria, Arábia, Egito, pela Amazônia, pela Índia, a Menor e a Maior; e passei por muitas outras ilhas que circundam a Índia, onde habitam diversos povos, com costumes, religiões e aparências diferentes"[236]. Diz que o objetivo de seu relato era escrever para aqueles que tinham o desejo de visitar Jerusalém e os santos lugares que a cercavam.

Vivenciando os caminhos até a Palestina, no capítulo segundo fala de sua estada em Constantinopla, dando destaque às relíquias da paixão que existiriam naquela cidade. Desde Teodósio II, que governou o Império Romano do Oriente entre 408 e 450 d.C., a obsessão bizantina pela coleção de relíquias acentuou-se. Durante sua estada na cidade ele apresenta aos leitores a existência de vários objetos ligados ao sofrimento de Cristo: a cruz, um dos pregos da crucificação, a túnica que o Salvador estava vestido, a esponja e o caniço na qual os judeus lhe deram de beber o vinagre, conforme o Evangelho de Mateus (27,48); e também um fragmento da santa coroa de espinhos, pois a outra parte desta havia sido vendida a São Luís no século XIII.

"E ainda que digam que essa coroa é de espinhos, sabei que ela é de juncos do mar, que espetam tanto como os espinhos, pois eu vi e observei minuciosamente aquela de Paris e aquela de Constantinopla. Embora fosse uma coroa de junco

---

236. Ibid., p. 35.

enrodilhado, ela foi separada e dividida em duas, uma parte da qual está em Paris e a outra em Constantinopla. Eu tenho um desses preciosos espinhos"[237].

Em relação à Santa Cruz, ele afirma que a mesma foi feita de quatro tipos de árvore: cipreste, cedro, palma e oliveira. A posse de fragmentos do Santo Lenho traria muito prestígio aos locais de sua veneração, estando espalhados, conforme acreditavam, em vários pontos da Cristandade. As relíquias representavam a memória espiritual do cristianismo, e, nesse sentido, a cruz é o principal símbolo de sua paixão e sacrifício. Portanto, a madeira usada na crucificação do Messias passou a adquirir *status* de santidade. Tomás de Kempis, em 1441, traduziu em palavras o significado da cruz para a memória cristã: "Na cruz está a salvação, na cruz a vida, na cruz o amparo contra os inimigos, na cruz a abundância da suavidade divina, na cruz a fortaleza do coração, na cruz o compêndio das virtudes, na cruz a perfeição da santidade"[238]. Conforme o narrador-peregrino, pensavam os gregos que o tronco da cruz era oriundo da árvore da qual Adão havia comido a maçã, e feito entrar no mundo o pecado. Havia uma ligação entre o Gênesis e os evangelhos, entre o Antigo e o Novo testamentos, e a lenda sobre a madeira usada na crucificação ia ganhando diversas versões. Isso demonstra claramente o grande fascínio exercido pela história da salvação no imaginário popular medieval: Cristo viveu para morrer; a morte seria o principal propósito da encarnação de Deus; então, seu martírio conseguiria, através do arrependimento

---

237. Ibid., p. 43.

238. KEMPIS, T. *Imitação de Cristo*. Petrópolis: Vozes, 2012, p. 90.

individual, extirpar o pecado; o sangue de Cristo purificou a madeira da árvore de Adão.

Em Constantinopla diz ter visto o corpo de Santa Ana, mãe de Maria, mandado trazer a essa cidade por Helena, e o corpo do Evangelista São Lucas, trazido da *Bitínia*, local em que teria sido sepultado[239]. Ele nos oferece descrições sobre a beleza e magnificência, ainda presentes na cidade, sobre seus palácios, igrejas e as ilhas ao redor. A mistura de elementos fantásticos e personagens reais era constante em seu relato. Quando descreve a Macedônia, enfatiza a visita que fez ao túmulo de Aristóteles em Estagira: "Sobre a sua tumba há um altar, e todos os anos é celebrada uma grande festa em sua honra, como se fosse um santo. Em torno desse altar se reúnem grandes concílios, pois creem que, por inspiração divina e pela de Aristóteles chega-se a melhor solução"[240]. Apresenta também algumas diferenças entre o cristianismo oriental e ocidental, como o pão ázimo, usado no Sacramento em Santa Sofia, e o costume dos sacerdotes de contraírem casamento. "Afirmam que não há purgatório e que as almas não terão penas nem júbilo após o dia do juízo final"[241].

Esse estranhamento se deu porque no Ocidente, desde o final do século XII, a ideia de purgatório era corrente, sendo pouco a pouco integrada no universo cristão. Era um modo de remissão dos pecados após a morte, uma nova oportunidade, um lugar intermediário, o terceiro lugar, conforme Le Goff[242]. A vida do crente se transformava quando ele pensava

---

239. *Viagens de Jean de Mandeville*. Op. cit., p. 45.

240. Ibid., p. 46.

241. Ibid., p. 48.

242. LE GOFF. *O nascimento do purgatório*. Lisboa: Estampa, 1995.

que nem tudo estaria perdido após sua passagem. O purgatório seria um além intermediário, vivido no meio do caminho entre céu ou inferno: "Apoiava-se, com efeito, na crença de um julgamento duplo; o primeiro no momento da morte e o segundo no fim dos tempos"[243]. Esta crença não era compartilhada no Oriente.

Também expressou juízos de valor em relação à Igreja oriental, dizendo: "Defendem que fornicação não é pecado mortal, antes algo natural. [...] Dizem igualmente que a usura não é pecado mortal e vendem os bens da Santa Igreja como se faz em outros lugares"[244]. E acrescenta em tom enfático: "Queira Deus corrigir isso! O que é um grande escândalo [...] quando a santa Igreja vacila e claudica, o povo não pode estar em bom estado!"[245] O cisma do Oriente, ocorrido em 1054, deixou marcas profundas na mente dos cristãos europeus. Acrescenta também que em Constantinopla era o imperador, e não o papa, que escolhia o corpo clerical, formado pelo patriarca, arcebispos e bispos.

Já no capítulo quinto *Mandeville* se detém a apresentar o percurso entre Rodes, Chipre e Jerusalém, passando por diversas cidades. Esse ponto da narrativa foi caracterizado como parte da geografia fantástica, havendo uma mistura entre ficção literária, mitos e passagens bíblicas. De Chipre ia-se a Jerusalém e a outros lugares dominados pelos sarracenos. Em um dia e uma noite chegava-se ao Porto de Tiro. "Ali perdoou Nosso Senhor os pecados da mulher de Canaã. Diante de Tiro havia a pedra onde Nosso Senhor se sentou e

---

243. Ibid., p. 19.

244. *Viagens de Jean de Mandeville.* Op. cit., p. 48.

245. Ibid., p. 48-49.

pregou, e sobre ela foi fundada a Igreja de São Salvador"[246]. Também cita prodígios que iam ocorrendo no caminho. A referência a personagens das Sagradas Escrituras se fez constante. Em Gaza, segundo o autor, Sansão teria destruído e carregado as pesadas portas, quando foi feito prisioneiro dos filisteus, colocando-as em cima de um monte. Narrando a passagem bíblica presente no Livro de Juízes (cap. 16), diz: E ali, em um palácio, provocou a morte do rei, de si mesmo e de um grande número dos filisteus, que o cegaram, que cortaram seu cabelo, que o encarceraram e que zombaram dele. Por isso fez com que o palácio desabasse sobre eles[247].

Para se chegar a Jerusalém por via terrestre era preciso cortar a Babilônia, isso só seria possível se o sultão desse permissão ao prosseguimento do itinerário. Andando pelas cidades o viajante encontrou uma igreja dedicada à Virgem Maria. Conforme o autor, a Virgem teria estado sete anos na região, no período em que foi obrigada a fugir da perseguição empreendida pelo Rei Herodes. Revive mais adiante a história do cativeiro babilônico, período no qual os judeus tinham sido escravizados pelo Rei Nabucodonosor. "Ali também o rei mandou pôr três jovens em uma fornalha acesa, a fim de testar a verdadeira fé. Esses jovens se chamavam Ananias, Misael e Azarias. Contudo, Nabucodonosor chamou-os diferentemente: Sidrac, Misac e Abdênago"[248]. O autor parecia estar viajando com a Bíblia em mãos. Também incorporou em seus escritos referências do mundo sagrado, unindo-os a elementos narrativos do sistema simbólico me-

---

246. Ibid., p. 57.
247. Ibid., p. 59.
248. Ibid., p. 61.

dieval. Por mais que se perceba uma mistura entre ficção e realidade, pois parte do narrado se refere a fatos realmente acontecidos, como o cativeiro babilônico, o enredo agradava o gosto da época. Estava presente a sensibilidade religiosa do escritor, imbuída dos valores do momento em que vivia. Por isso, a recepção desse texto foi tão grande, que as pessoas queriam escutar o que estava sendo contado. *Mandeville* foi visto como um homem destemido, um bom cavaleiro, um peregrino em busca da ascese de estar na cidade santa, algo almejado por todos os seus interlocutores.

Estando no Egito, o viajante nos trouxe uma narrativa fantástica, bem ao gosto da literatura da época: "No deserto do Egito, certa vez um santo homem, um ermitão, encontrou um monstro – um monstro é um ser disforme, seja homem, animal, seja qualquer outro ser; por isso se chama monstro. Esse monstro era como um homem; porém, com dois cornos pontiagudos na testa e com um corpo de homem até o umbigo, e daí para baixo tinha forma de cabra. O ermitão perguntou-lhe quem era, e o monstro respondeu que era uma criatura mortal, tal como Deus o havia criado, e que vivia naquele deserto procurando sustento. Rogou, então, ao ermitão que rezasse a Deus por ele; ao Deus que veio do céu para salvar toda a linhagem humana e que nasceu de uma virgem, sofreu a paixão e a morte, como bem sabemos, para que vivêssemos e existíssemos. E ainda é conservada em Alexandria a cabeça desse monstro com os dois cornos, por ser uma maravilha"[249].

A monstruosidade insere-se no pensamento mítico desde a Antiguidade, e aparece com frequência nos relatos de aventu-

---

249. Ibid., p. 71.

reiros e viajantes da Idade Média. Vários povos conservaram tradições nas quais em algum lugar da Terra existiriam homens de proporções colossais, uma nação de gigantes ou de seres estranhos, com chifres e cabeças disformes. O monstro era construído por meio da palavra, mas também o foi por iconografias. Era filho da desordem, imagem de deformidade. Em circunstâncias maravilhosas o monstro da narrativa de *Mandeville* pediu ao ermitão que intercedesse a Deus por ele.

No capítulo oitavo trata de outras rotas alternativas para se chegar à Babilônia, partindo do Ocidente, das cidades de Pisa e Veneza, passando por Constantinopla. O autor nos oferece um guia com várias possibilidades de rotas. Chegando novamente à Babilônia, era preciso entrar no Monte Sinai. Essa região foi bastante citada nos relatos que têm por objetivo a Palestina. Lá o povo de Deus teria vivido as histórias do êxodo, e Moisés torna-se a referência principal. A fonte em que teria tocado para daí verter água ao povo sedento em sua jornada pelo deserto estava lá. O Mar Vermelho, cenário épico da travessia dos hebreus na fuga do Egito, também é referência recorrente. Os locais em que Moisés viu a presença de Deus por meio da sarça ardente era sempre objeto de adoração. No Monte Sinai havia uma igreja e um mosteiro dedicado a Santa Catarina. O peregrino, aqui, ainda é mais devoto. Os monges que aí viviam conservavam os fragmentos de Santa Catarina, que *Mandeville* tanto apreciava: "é mostrada então a cabeça de Santa Catarina e o sudário com que foi envolvida, o qual ainda conserva seu sangue"[250]. Os monges mostraram-lhe também muitas outras relíquias.

---

250. Ibid., p. 79.

No Mosteiro de Santa Catarina ele relatou mais um milagre: "Aí não entram nem moscas, nem sapos, nem salamandras, nem animais venenosos, nem piolho, nem pulga, por milagre de Deus e de Nossa Senhora"[251]. E continuou: "Pois havia tantos tipos de moscas e pragas, que os monges decidiram deixar a abadia, e estavam já de saída para subir a montanha quando Nossa Senhora apareceu diante deles e lhes pediu que regressassem, e a partir daquele momento nunca mais apareceram ali nem moscas, nem qualquer outro tipo de bicho. Assim, retornaram os monges"[252].

Seguindo os passos da narrativa, ele despediu-se dos monges e retomou seu caminho até Jerusalém, atravessando o Deserto do Sinai até a Síria. Na travessia encontrou os beduínos, os quais apresentou como gente idólatra e de má índole. Em Hebron, cidade na qual viveu Davi, visitou as sepulturas dos patriarcas: Adão, Abraão, Isaac e Jacó, e de suas esposas: Eva, Sara, Rebeca e Lia[253]. Aí novamente a lenda misturou-se ao relato. As sepulturas dos santos têm na religiosidade cristã grande importância. Desde a Antiguidade, a reunião dos primeiros cristãos ao redor das tumbas dos mártires era prática comum. Esses mortos especiais teriam a função de interceder junto a Deus por seus fiéis. Após o século IV essa prática continuou e ampliou-se. Ao redor da veneração desses lugares surgiu o culto das relíquias[254]. Estar em volta das sepulturas dos patriarcas traria grande prestí-

---

251. Ibid., p. 80.

252. Ibid.

253. Ibid., p. 84.

254. BOZÓKY, E. *La politique des reliques*: de Constantin à Saint Louis. Paris: Beauchesne, 2007, p. 17.

gio, legitimidade e visibilidade ao trajeto de peregrinação, independentemente de sua veracidade. *Mandeville* relatou mais aquilo que gostaria de ver do que o que realmente viu.

Um elemento comum às narrativas de Marco Polo e Jean de *Mandeville* é a referência à árvore seca. Para o primeiro ela é a do pecado e do arrependimento, símbolo dessa dualidade indissociável. Para o segundo ela secou durante a crucificação de Cristo: "Dizem algumas profecias que um senhor, príncipe do Ocidente, reconquistará a Terra Prometida com a ajuda dos cristãos e que mandará celebrar uma missa sob essa árvore seca, quando então ela reverdecerá e dará folhas e frutos"[255]. Apresentou através dessa lenda o sonho de recuperação da Terra Santa, uma chaga incurável; o espírito da Cruzada ainda vivia. Se o autor não parece querer nada para si mesmo, alguma coisa ele quer para toda a Cristandade; quer o país onde Jesus Cristo nasceu, viveu, peregrinou e morreu; quer, em especial, Jerusalém. Certamente, todos os países pertencem a Deus, mas a Terra Santa em especial, pois Jesus elegeu aquele país para palmilhá-lo com seus abençoados pés[256].

De Hebron dirigiu-se a Belém, cidade na qual nascera o Messias. Descreveu sobre a localidade, assinalando que era "bem pequena". Em seguida apresentou detalhes sobre a igreja que visitou. Pelo tipo de narração, estaria se referindo à Basílica da Natividade: "Perto do coro da igreja, à direita, 16 graus abaixo, está o lugar onde nasceu Nosso Senhor, local belamente ornamentado com mármore e pintado graciosamente com ouro, lápis-lazúli e outras cores"[257]. Também

---

255. *Viagens de Jean de Mandeville.* Op. cit., p. 86.

256. GREENBLATT, S. *Possessões maravilhosas.* São Paulo: Edusp, 1996, p. 45-46.

257. *Viagens de Jean de Mandeville.* Op. cit., p. 87.

acrescentou que ao lado da cova do nascimento estaria o lugar onde descera a estrela que havia guiado os três reis magos. Destacou a simbologia e a beleza do lugar, pois Belém possuía uma aura enorme de santidade. Na Igreja de São Nicolau apresentou uma interessante lenda sobre o local: neste lugar Maria teria descansado depois de ter dado à luz. "E por causa da grande quantidade de leite que tinha em suas mamas, o que lhe causava dor, ela o extraiu ali sobre as louças vermelhas do mármore, de modo que as manchas brancas de leite nelas poderiam ser vistas"[258]. Os sinais – indícios da presença de santidade – eram vistos em todos os locais onde estava. Esta busca por prodígios, presente também em outros relatos é a evidência da necessidade do homem medieval de ressignificar a memória dos lugares santos, dando-lhes vida. Os indícios materiais eram a prova concreta da história da salvação. Quem atingia esses locais se inseria em um tempo sagrado, transcendental.

No capítulo dez o autor relata sua chegada a Jerusalém; inicialmente aponta suas regiões limítrofes: "Nas imediações de Jerusalém estão as seguintes cidades: Hebron, a 7 milhas; Jericó, a 6 milhas; Bersabeia, a 8 milhas; Ascalon, a 17 milhas; Jaffa, a 16 milhas; Ramatha, a 3 milhas; e Belém, a 2 milhas"[259]. Esta terra, assinalou, tem sofrido nas mãos de diversas nações, em razão dos pecados dos que lá viviam. Sendo dominada sucessivamente por judeus, cananeus, assírios, persas, medos, macedônios, gregos, romanos, cristãos, sarracenos, bárbaros, turcos, tártaros e muitos outros. A vontade

---

258. Ibid.
259. Ibid., p. 90.

da retomada dos lugares santos foi novamente acentuada: e Deus não quer que essa terra santa fique muito tempo nas mãos de traidores nem pecadores, sejam estes cristãos ou outros. Agora, essa terra se encontra dominada por infiéis há mais de 400 anos; porém, se Deus quiser, não ficará muito mais tempo nessa situação[260].

Erguida ao redor do que se acreditava serem os locais da crucificação, da sepultura e ressurreição de Cristo, a Basílica do Santo Sepulcro era (e ainda é) a igreja mais importante da Cristandade. Chegar a esse local era o sonho de todo peregrino: "Deveis saber que, quando se chega a Jerusalém, a primeira visita é a Igreja do Santo Sepulcro"[261]. Ao entrar na igreja, descreve todo seu interior: no centro da basílica havia um tabernáculo, ricamente decorado com ouro. Na ala direita deste estaria localizado o sepulcro. A esta época, assinala que o complexo havia sido cercado, pois alguns peregrinos procuravam levar fragmentos ou pó, violando o santo lugar. Esse apego exagerado a todos os símbolos e locais da paixão de Cristo estaria presente em vários relatos, incluindo o de Etéria, como já foi visto. Também na ala direita da igreja estaria o Monte Calvário, onde ocorreu a crucificação. Cita também a existência no local dos túmulos de Godofredo de Bouillon e Balduíno, que teriam sido reis de Jerusalém, após o período em que esta foi conquistada, (em 1099) pelo Exército Cruzado. Uma lápide de mármore cobria a rocha onde o corpo de Cristo teria sido posto, após ter sido retirado da cruz. O túmulo do Salvador ficaria em um círculo

---

260. Ibid.
261. Ibid.

no centro da igreja. Esse local é considerado o mais sagrado da fé cristã. "Diz-se que esse círculo é exatamente o centro do mundo"[262].

A Basílica do Santo Sepulcro seria o palco maior da história cristã; em seu complexo se podia sentir o aroma da essência da fé. Foi ali que se desenrolaram as principais cenas do Novo Testamento; era o teatro dos últimos momentos do projeto de salvação. Nessa igreja costumavam haver frades agostinianos e um prior. Estes, conforme ensina, estariam sujeitos à autoridade do patriarca. Na ala norte encontrou o lugar onde Cristo foi encarcerado. "Conserva-se ali, todavia, uma parte da corrente em que foi acorrentado, e ali apareceu pela primeira vez a Maria Madalena quando ressuscitou, e ela pensava que se tratava de um jardineiro"[263]. Perto dali, conforme afirmou, encontrava-se o lugar onde o Messias havia descansado quando estava fatigado de carregar a pesada cruz. A excepcionalidade de Jerusalém acalentava o desejo profundo de estar nesses lugares. O entusiasmo do narrador era evidente. Mesmo que essa peregrinação singular não tenha realmente acontecido, ou signifique a reunião de outras fontes anteriores, pode-se perceber a espiritualidade leiga, o desejo profundo em receber as benesses espirituais que emanavam desses locais, essenciais para a remissão dos pecados. Várias igrejas no Ocidente foram construídas à semelhança da Basílica do Santo Sepulcro. Estas desejavam conter em seu interior as almejadas relíquias, abundantes no Oriente, para sacralizarem seus santuários.

---

262. Ibid., p. 92-93.

263. Ibid., p. 93.

Ainda em Jerusalém nos informou sobre a Igreja de Santo Estêvão, construída no local atribuído a seu apedrejamento. "Perto dali está a Porta Dourada, que não se pode abrir. Por essa porta entrou Nosso Senhor no Domingo de Ramos sobre um asno, e a porta se abriu quando se dirigia ao templo"[264]. Segundo o relato ainda poderiam ser vistas as pegadas do asno em três lugares dos degraus, que seriam de pedra muito dura. Próximo à Igreja de Santo Estêvão estaria o Hospital de São João. O surgimento da Ordem de São João do Hospital deu-se no âmbito da primeira Cruzada, sendo oficializada pelo Papa Pascoal II em 1113. A Ordem deveria cumprir sua dupla função: caritativa e militar. Esta serviu como base de apoio aos peregrinos que visitavam os locais santos. Continuou então seu trajeto indicando a existência de outras igrejas, como a de Nossa Senhora dos Latinos. Misturando passagens bíblicas com tradições posteriores, disse que foi ali que Maria de Cléofas e Maria Madalena teriam arrancado seus cabelos quando Cristo foi crucificado[265].

O capítulo onze, da tradução que temos utilizado até aqui, tem por título "Do templo de Nosso Senhor, da crueldade de Herodes, do Monte Sião, da probática piscina e da natatória Siloé". Nele se encontram múltiplas informações sobre outras partes da cidade de Jerusalém e seus arredores. No início o viajante discorreu sobre o *Templum Domini*, estando este a 80 passos da Igreja do Santo Sepulcro. Informou que os sarracenos haviam proibido a entrada de judeus e cristãos ali, mas o autor garantiu que entrou no santuário, pois possuía

---

264. Ibid., p. 93-94.
265. Ibid., p. 97.

uma autorização do próprio sultão. Ao escrever sobre o templo, começou dizendo que este não era o que mandara construir Salomão, pois Tito, imperador dos romanos, o havia destruído. E afirmou: "Este sitiou a cidade de Jerusalém para destruir os judeus, porque tinham condenado à morte Nosso Senhor, sem permissão do imperador. E quando conquistou a cidade, queimou o templo e o derrubou [...]"[266]. Historicamente se sabe que a razão da destruição do templo não teria sido esta; o autor reinventou a tradição. Tentando historicizar sua narrativa, insere uma série de descrições sobre os momentos em que o lugar havia sido destruído e reconstruído, como nos governos de Juliano e Adriano. "A história do templo de Jerusalém é uma reconstrução de *Mandeville*. Ela contém erros, como a troca de posição entre o reinado de Juliano e Adriano e a confusão entre Trajano e Troia"[267].

Em seguida apresentou a rocha chamada Moriá, que depois passou a se chamar Betel. Ela se encontrava em uma das partes do templo. Segundo afirma, nessa rocha costumava ficar, antes de seu desaparecimento, a Arca da Aliança com relíquias judaicas. Nela estavam as tábuas dos Dez Mandamentos, a vara de Aarão e a de Moisés, com a qual este fez com que se abrisse o Mar Vermelho, quando o povo de Israel atravessou o mar sem se molhar. Com essa mesma vara ele golpeou a rocha da qual brotou água e com ela fez muitas maravilhas. Dentro da arca se encontrava um recipiente de ouro cheio de maná, vestimentas, ornamentos, o tabernáculo de Aarão, uma mesa de ouro quadrada com 12 pedras pre-

---

266. Ibid., p. 96.
267. Ibid.

ciosas e uma arca de jaspe verde com os 8 nomes de Nosso Senhor. Havia 7 candelabros de ouro, 12 vasilhas de ouro, 4 incensários de ouro, 1 altar de ouro e 4 leões de ouro, sobre os quais estavam 4 querubins de ouro de 12 palmos de tamanho. Igualmente havia um círculo com os sinais do céu e 1 tabernáculo de ouro, 2 trombetas de prata, 1 mesa de prata, 7 pães de cevada e todas as demais relíquias anteriores ao nascimento de Nosso Senhor Jesus Cristo[268].

Sobre Moriá havia ocorrido diversos prodígios, conforme o narrador: nela estava dormindo Jacó quando lutou com o anjo, que mudou seu nome para Israel. Sobre ela frequentemente pregava Jesus, e aí se achava quando os judeus desejavam apedrejá-lo: "Ela então se abriu e Ele ficou oculto na fenda". Ali se ajoelhou Davi, rogando a Deus que tivesse misericórdia dele e de seu povo, quando viu o anjo ferindo sua gente. (E Deus ouviu suas preces.) O templo de Jerusalém era o local mais sagrado do judaísmo e teria sido construído exatamente para abrigar a Arca da Aliança. Nele se encontrava o Santo dos Santos, lugar no qual somente os sacerdotes poderiam entrar. No contexto em que se insere a narrativa, o local estaria dominado pelos sarracenos, que aí faziam suas preces. Para o lado norte, fora do claustro, estava a Igreja de Santa Ana. "Ali foi concebida Nossa Senhora. Diante dessa igreja há uma grande árvore que começou a crescer naquela mesma noite. Sob essa igreja, descendo 22 degraus, está enterrado São Joaquim"[269]. O corpo de Santa Ana não se encontrava mais ali, pois tinha sido transferido

---

268. Ibid., p. 97-98.
269. Ibid., p. 99.

para Constantinopla. Disposto a ver sinais da existência terrestre de vários personagens bíblicos, ele se dirige ao Monte Sião. Esse local estaria associado a várias passagens da vida de Cristo: no Monte Sião apareceu Jesus a São Tomé Apóstolo e mandou-lhe tocar suas feridas; ali teria celebrado a Páscoa com seus discípulos; também ali São João Evangelista dormiu no peito de Nosso Senhor Jesus Cristo e viu muitos segredos celestiais enquanto dormia[270]. De acordo com o relato, no local estariam enterrados os reis Davi, Salomão e muitos outros reis de Jerusalém.

Ao se dirigir para fora da cidade santa o autor encontrou a região onde teria crescido a árvore da cruz. A 2 milhas dali achou outra igreja, onde teria tido lugar o encontro de Nossa Senhora com Isabel, mãe de João Batista: "E estando as duas grávidas, São João se mexeu no ventre de sua mãe e fez uma reverência a seu criador, que ele não podia ainda ver. Sob o altar da igreja está o lugar onde nasceu São João"[271]. *Jean de Mandeville* certamente fez uma grande miscelânea entre as passagens bíblicas, as tradições orais e narrativas sobre milagres diversos, comuns ao ambiente medieval. A religiosidade das massas, desejosa de um contato direto com o divino, também oferecia suas próprias versões sobre o que ouvia das Sagradas Escrituras e dos relatos de milagres. Ansiavam encontrar Cristo em sua vida mortal e reviver seus prodígios. Devido a esse fato, tradições eram acrescidas, independentemente de autorização formal da Igreja.

---

270. Ibid., p. 101-102.

271. Ibid., p. 103.

Em outras regiões da Terra Santa encontrou capelas e igrejas. No meio do Vale de Josafá estaria a Igreja de Nossa Senhora e seu sepulcro. Conforme afirmou, a Virgem teria 72 anos quando morreu. "Ao lado de seu sepulcro há um altar onde Nosso Senhor perdoou São Pedro por todos os seus pecados. Do lado oeste, sob um altar, há uma fonte com águas que vêm do rio do paraíso"[272]. Aqui aparecem, mais uma vez, aspectos característicos da literatura de viagens medievais, como a utopia do Paraíso Terrestre. Santo Isidoro dizia nas Etimologias que o Jardim do Éden situava-se na superfície do planeta, sendo guardado por querubins: "Em seu centro jorra uma fonte que rega o bosque inteiro, e que se divide em quatro braços, dando origem a quatro rios distintos. Sua entrada se encontra fechada desde o pecado do homem"[273]. Todos esses elementos utópicos eram parte integrante dos relatos. E no final do capítulo onze apresentou o Monte das Oliveiras, mais alto do que a cidade de Jerusalém.

Esse monte é essencial para a história cristã. Aí aconteceu o martírio de Cristo, a traição de Judas no Jardim do Getsêmani e a ascensão do Messias ao Paraíso. A colina sempre foi lugar de grande sacralidade para os habitantes da cidade. Ainda hoje a presença de diversas igrejas é atestada. Daí teria saído Jesus, montado em um jumento a caminho da cidade velha. "Próximo do Monte das Oliveiras está o Monte da Galileia, onde estavam reunidos os apóstolos (cf. Mc 16), quando Maria Madalena veio anunciar-lhes a ressurreição"[274].

---

272. Ibid., p. 104.

273. Apud AIROLA-MAGASICH, J. & BEER, J.-M. *América Mágica* – Quando a Europa da Renascença pensou estar conquistando o paraíso. São Paulo: Paz e Terra, 2000, p. 41.

274. *Viagens de Jean de Mandeville.* Op. cit., p. 105.

Seguindo seus passos, *Mandeville* nos oferece descrições geográficas detalhadas da região do Mar Morto, que separava as terras da Judeia e da Arábia: "De Jerusalém a esse mar há 200 estádios"[275]. Diz que, por castigo de Deus, caíram submersas dentro dessas águas as cidades de Sodoma, Gomorra, Adama, Seboim e Segor. Ao contrário de Etéria, teria achado ali a estátua de sal, da mulher de Ló: "À direita do Mar Morto permanece ainda a esposa de Ló, convertida em estátua de sal, pois olhou para trás quando as cidades estavam soçobrando no inferno"[276]. Etéria, em relato anterior, dizia ter visitado a região e encontrado o lugar coberto pelas águas[277]. Ela nos oferece a descrição de rios e lagos, como Merom e Tiberíades. O Rio Jordão é outro cenário importante das passagens dos evangelhos, pois ali João Batista batizou Jesus. Também mergulhou nesse rio Naamã da Síria, que tinha lepra e aí foi curado. Daí, logo se chega a Silo, "onde sob a proteção do Sacerdote Eli guardou a arca de Deus, com suas relíquias durante um largo período de tempo. Nesse local o povo de Hebron fazia sacrifícios a Nosso Senhor e levava-lhe oferendas"[278]. Em cada cidade, aldeia e povoado a narrativa bíblica encontrava sua paisagem. Detalhando os caminhos percorridos por Cristo e seus discípulos, ele passou por Nazaré e Neápolis, onde Jesus encontrou a mulher samaritana e perdoou seus pecados.

Do Vale de Dotaim, onde afirmou que estava o poço no qual foi lançado José por seus irmãos, se dirigiu a Samaria.

---

275. Ibid., p. 110.

276. Ibid., p. 111.

277. *Peregrinação de Etéria* – Liturgia e catequese em Jerusalém no século IV. Op. cit., p. 61.

278. *Viagens de Jean de Mandeville.* Op. cit., p. 113.

"Essa cidade foi sede das 12 tribos de Israel [...] ali está enterrado João Batista, entre os profetas Eliseu e Obadias; ele, contudo foi decapitado no Castelo de Macharyme, perto do Mar Morto; depois foi transladado por seus discípulos e enterrado em Samaria"[279]. Antigamente, afirmou, havia nesse lugar diversas igrejas, mas foram destruídas. Aqui o relato toma corpo na descrição da posse da cabeça de São João Batista: ali metida dentro de um muro estava a cabeça de São João Batista[280].

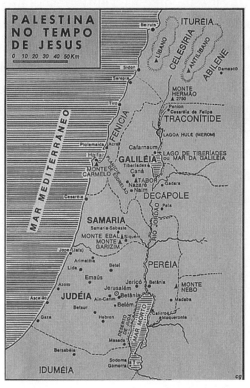

Fonte: Disponível em: http://www.iejusa.com.br/civilizacoesantigas/mapa_jesus.php

---

279. Ibid.
280. Ibid., p. 115.

Mandeville relatou que o Imperador Teodósio, que governou o Império Romano de 379 a 395, teria ordenado que tirassem a cabeça do santo da muralha, mandando levá-la a Constantinopla, lá ficando a parte de trás da cabeça. Outros pedaços da mesma relíquia estariam espalhados pela Cristandade. Ele mesmo reconheceu que haviam muitas cabeças atribuídas ao santo.

Já a parte da frente até abaixo do queixo está em Roma, na Igreja de São Silvestre, onde há monjas franciscanas. Encontra-se essa parte ainda completamente chamuscada, como se tivesse sido meio queimada, pois o mencionado Imperador Juliano, levado por sua maldade, mandou queimá-la com o resto dos ossos, segundo atestaram os papas e imperadores. As mandíbulas, incluindo a barba, uma parte das cinzas e a bandeja, na qual foi posta a cabeça quando cortada, estão em Gênova. Tanto os genoveses quanto os sarracenos se sentem muito honrados com isso. Há quem diga que a cabeça de São João está em Amiens, na Picardia. Outros dizem que essa é a cabeça do bispo São João. Eu não sei, só Deus sabe; mas qualquer parte que seja honrada, o bendito São João sentir-se-á grato[281].

A redistribuição de relíquias no seio da Cristandade era algo comum. Quando os fiéis partiam em peregrinação, visando atingir um lugar onde Deus agiria por meio desses santos objetos, acreditavam em sua autenticidade e buscavam neles uma forma de aproximação com algo maior, que iria livrá-los de doenças e do mal. A partir do século XII os lugares onde eram venerados restos dos corpos dos após-

---

281. Ibid.

tolos, ou objetos relacionados à vida de Cristo, adquiriram ainda mais prestígio. Vauchez[282] assinala que a religiosidade medieval sofreu influências, em seus rituais, de elementos oriundos das práticas mágicas. É fácil ironizar os incríveis troféus que os cruzados trouxeram do Oriente, como os inúmeros dentes de São João Batista ou os cabelos de Cristo, que as igrejas do Ocidente obtiveram, comprados, muitas vezes por altos preços, de hábeis impostores. A incrível ingenuidade dos fiéis e a cegueira interessada dos clérigos não nos devem fazer esquecer que o sucesso dessas devoções constituíam, de certa forma, um detalhe sem importância no evangelismo. No nível das massas, isso se traduzia por uma vontade evidente, inábil e imaginosa de encontrar Cristo em sua vida mortal, e por um esforço para reatar ao concreto as condições de existência da Sagrada Família[283].

Ainda na Terra Santa buscam-se as planícies da Galileia, sendo esta uma das províncias da Terra Prometida. Citam-se cidades da região como Naim, Cafarnaum, Corazim e Betsaida. Assinalou que em Betsaida nasceram São Pedro e Santo André. Em todo a Galileia os prodígios realizados por Jesus poderiam ser revividos. Em Caná da Galileia fez seu primeiro milagre, transformando água em vinho; em Nazaré rememorou a história da Sagrada Família, desde o casamento de José e Maria até a juventude de Cristo. Disse que nessa época a cidade estava arruinada. Os sarracenos protegiam o lugar, pois tiravam muito proveito dele. O autor condena esse comportamento: "São uns sarracenos muito malvados e

---

282. VAUCHEZ, A. *A espiritualidade da Idade Média ocidental*. Op. cit.

283. Ibid., p. 163.

cruéis, mais do que em outros lugares, tanto que destruíram todas as igrejas"[284]. Expressou também sua devoção especial pela cidade: "Em Nazaré foi criado Nosso Senhor. Nazaré quer dizer flor do jardim, e com justiça pode chamar-se flor, pois ali foi criada a flor da vida: Jesus Cristo"[285]. A meia-légua situou o momento em que os judeus teriam tentado matar Jesus, mas Ele teria saltado para outra rocha. Diz que na rocha ainda estariam marcas dos pés do Salvador. Passou então ao Monte Tabor, assinalando que também aí todas as igrejas haviam sido destruídas. Neste monte ocorreu a transfiguração diante de São Pedro, São João e Santiago. Estes teriam visto espiritualmente os profetas Moisés e Elias[286].

Seu discurso milenarista reapareceu: "Neste monte e nesse mesmo lugar, no dia do juízo final, quatro anjos farão soar suas quatro trombetas e ressurgirão da morte à vida todos os homens que morreram, desde que o mundo foi criado"[287]. Também nessa região os últimos dias da humanidade seriam vividos. Outros milagres do Novo Testamento tiveram aí seu cenário, como a ressurreição do filho da viúva, ocorrido na entrada da cidade de Naim. O Mar da Galileia foi palco de eventos muito conhecidos pelos cristãos: sobre essas águas caminhou o Messias; nesse mar teria se revelado a seus discípulos após a ressurreição. Na cidade de Tiberíades, encontrou a mesa na qual comeu Nosso Senhor com os seus depois da ressurreição; também aí teria ocorrido o milagre da multiplicação. Por fim, descreveu os outros tipos de cristia-

---

284. *Viagens de Jean de Mandeville.* Op. cit., p. 119.

285. Ibid.

286. Ibid., p. 120.

287. Ibid.

nismo existentes na região, como os jacobitas (convertidos pelo exemplo de Santiago) e os georgianos, que teriam sido convertidos por São Jorge: "Há outros cristãos chamados sírios, cujas crenças estão a meio-caminho entre as nossas e a dos gregos"[288].

Viajar com *Mandeville* é reviver a experiência de estar na Terra Santa através do imaginário medieval, é entender como esse lugar era idealizado por seus contemporâneos. A memória dos lugares sacros é revivida com intensidade, independente se a narrativa é verdadeira ou não, e, ainda nesse caso, se a viagem realmente aconteceu. Partindo de uma geografia real – porém, revestida ao mesmo tempo de espiritualidade, do maravilhoso e de significados diversos –, os eventos fundadores da história da salvação aí se revestem de novas imagens.

---

288. Ibid., p. 124.

3

Muito mais do que um modo de "orar com os pés"

As peregrinações jacobeias medievais em textos legislativos e normativos

Marcelo Pereira Lima

As peregrinações medievais já são um tema clássico para o medievalismo contemporâneo. No entanto, elas têm sido revisitadas ao longo das últimas quatro ou cinco décadas por meio de perspectivas bem diferentes em termos de análise teórico-metodológica e historiográfica. Cada vez mais percebe-se que tal tema combina múltiplas, dinâmicas e complexas dimensões da experiência humana, pois, ao contrário do que se possa pensar, as peregrinações, sem deixar de ser um fenômeno religioso e penitencial, incluiu outras facetas da vida social, físico-geográfica, cultural, simbólico-imaginária, econômica, política, jurídico-institucional etc. Ou seja, diversos trabalhos buscam caracterizar os peregrinos e peregrinas medievais e suas motivações, os locais de partida e chegada, as formas de organização da viagem, os rituais litúrgicos, os perigos enfrentados ao longo dos caminhos e rotas, as instituições dedicadas à assistência, a presença e as formas de contatos entre peregrinos(as) de diferentes regiões, os conflitos sociais e, claro, o esforço de autoridades seculares e eclesiásticas na regulação das peregrinações.

Dependendo do período histórico, e utilizando ou não documentação inédita, é possível investigá-las através de uma constelação muito variada de materiais: textos hagiográficos, literários (poemas), obras litúrgicas (hinos, sermões), itinerários e relatos de viagens, privilégios, inventários, fontes arqueológicas e outros tipos de cultura material, iconografias, crônicas, cartas de recomendação, certificados de cumprimento das peregrinações, cartas de fundação e dotação de albergues, hospedarias e "hospitais", cartas de doações, diplomas régios, decretos sinodais e conciliares, cartas ou decisões episcopais e pontifícias, salvo-condutos, contratos de compra e venda, permissões para circulação, assim como testamentos, *fueros* e compilações de leis, entre outras fontes.

As investigações sobre as peregrinações que levam em consideração as dimensões e fontes jurídicas no medievo ibérico não são uma novidade na historiografia. Um marco importante pode ser identificado nos três tomos da obra já clássica: *Las peregrinnaciones a Santiago de Compostela,* de autoria coletiva: Luis Vázquez de Parga, José María Lacarra e Juan Uría Ríu. Premiada pelo Consejo Superior de Investigaciones Científicas, tratava-se de um trabalho elaborado nos anos de 1943 e 1944. Os três autores pretendiam que o texto fosse "um estudo de conjunto do que foram as peregrinações a Santiago da Galícia, suas consequências culturais e os itinerários seguidos pelos peregrinos com um caráter mais fixo"; porém, ele foi claramente marcado pelas circunstâncias do Pós-Guerra Civil Espanhola e da Segunda Guerra Mundial, que dificultavam as trocas com outros centros de pesquisa dedicados às peregrinações. Vázquez de Parga, María Lacarra e Uría Ríu estavam "intimamente convencidos de que o estudo da peregrinação compostelana somente poderá se fazer de um modo satisfatório mediante a colaboração das diferentes nações que tomaram nela uma parte mais ativa". Embora a preocupação com o direito secular e eclesiástico estivesse dispersa por toda a obra, é o autor José María Lacarra que assina a seção destinada mais estritamente à proteção jurídica do peregrino. Lacarra apresentou informações sobre o que chama de "direito internacional protetor dos peregrinos" (sem problematizá-lo efetivamente), a equiparação dos peregrinos aos mercadores, os privilégios e isenções, os perigos enfrentados pelos peregrinos, o direito de fazer testamento e, por fim, a regulamentação da peregrinação a partir do século XV[289].

Um pouco mais tarde, outro marco historiográfico importante foi realizado pelo cura e canonista da Igreja de Cebreiro, Elías Valiña Sampedro, cuja tese doutoral *El caminho de Santiago: estudio histórico-jurídico* foi premiada em 1967 e publicada sucessivas vezes: 1971, 1990 e 2000[290]. Diferente da obra de Vázquez de Parga, María Lacarra e Uría Ríu, que reservava apenas uma seção para apresentar os aspectos jurídicos das peregrinações, Valiña Sampedro desenvolve a tese de que haveria uma intrínseca harmonia e cooperação entre as legislações eclesiásticas e seculares sobre o tema, apesar das suas

---

289. Para saber mais cf.: PARGA, L.V.; LACARRA, J.M.; RÍU, J.U. *Las peregrinaciones a Santiago de Compostela...* Op. cit. Tomo I, p. 5-6, 255-279. No Tomo III os autores reservam uma coletânea de documentos para os pesquisadores interessados.

290. VALIÑA SAMPEDRO, E. *El Camino de Santiago*: estudio histórico-jurídico. Salamanca: Graficesa, 1971. Ao final da obra, o autor reúne um apêndice documental sobre o caminho de Santiago e os conflitos com Villafranca, Pereje e Cebrero.

diferenças de jurisdições e dos conflitos estabelecidos entre Villafranca, Pereje e Cebrero, regiões específicas da segunda parte do estudo. Portanto, de forma semelhante – porém, mais desdobrada do que a obra dos três autores citados – Valiña Sampedro dedica toda a primeira parte do livro à identificação do estatuto jurídico dos "peregrinos" no direito romano, às primeiras disposições no medievo, à construção do que chama também de "direito internacional", à organização e cerimonial das peregrinações, às indumentárias, às condições e proteções jurídicas dos peregrinos diante dos roubos, aos enganos, aos privilégios e isenções, aos direitos dos peregrinos ao testamento e à sepultura etc., tudo isso focalizando os direitos canônico e secular ("civil"), peninsular ou não.

Essas duas obras influenciaram significativamente as pautas de pesquisa mais recentes. Sem dúvida, em maior ou menor grau, essas investigações sugeriram temas e abordagens descritivas e fundamentadas em uma perspectiva linear baseada na ideia de que as peregrinações medievais, em geral, e as destinadas a Santiago, em particular, passaram por um amplo processo: o de surgimento e auge ao longo da Idade Média (séculos IX ao XIII) e, a partir daí, a uma paulatina degenerescência ou decadência, sobretudo nos séculos XIV, XV e XVI, épocas marcadas por diversas transformações sociais e pelas críticas renascentistas, humanistas e protestantes à Igreja Católica em suas práticas e concepções. Mesmo de forma menos descritiva e mais crítica, o trabalho de José Ricardo Pardo Gato *El derecho castellano-leonés en la peregrinación jacobea – Una reflexión histórico-jurídica*[291], e o de Alejandro González-

---

291. PARDO GATO, J.R. El derecho castellano-leonés en la peregrinación jacobea – Una reflexión histórico-jurídica. In: *Revista Jurídica de Castilla y León*, n. 5, 2005, p. 191-226.

-Varas Ibáñez *La protección jurídico-canónica y secular de los peregrinos en la Edad Media: origen y motivos*[292], não rompem muito com as pautas e perspectivas já propostas pelos dois clássicos historiográficos apontados anteriormente.

Diante disso, sem deixar de levar em conta as contribuições historiográficas clássicas e as fontes de caráter jurídico, este estudo procura discutir os diferentes fatores característicos das práticas e discursos que giraram em torno de três eixos temáticos das peregrinações medievais: a) a caracterização da peregrinação e da *persona* do peregrino enquanto fenômeno jurídico; b) o controle da "geografia" dos movimentos peregrinatórios, destacando as contradições do nomadismo medieval; c) por fim, mas não menos importante, as transgressões e as penas infringíveis aos peregrinos ou aos seus considerados algozes. O objetivo é duplo e complementar. Por um lado, se quer contribuir para investigar esse fenômeno por meio de uma história do direito medieval, levando em conta análises mais críticas e contextualizadas. Por outro, deseja-se orientar tais análises às documentações normativas e legislativas elaboradas na Península Ibérica entre os séculos IX e XIII, especialmente os relacionados direta ou indiretamente ao Caminho de Santiago de Compostela.

Muito mais do que "orar com os pés"

As peregrinações medievais são um fenômeno social com múltiplas facetas religiosas, culturais, imaginárias, simbólicas, econômicas, físico-geográficas, políticas, institucionais e

---

292. GONZÁLEZ-VARAS IBÁÑEZ, A. La protección jurídico-canónica y secular de los peregrinos en la Edad Media: origen y motivos. In: *Anuario de Historia del Derecho Español*, n. 72, 2002, p. 503-542.

jurídicas. Entender suas características, motivações e amplitude significa relacioná-las com um conjunto de transformações próprias de determinados contextos históricos. Embora não sejam uma exclusividade da Idade Média, abundando exemplos dispersos no tempo e no espaço, as peregrinações fazem parte de movimentos migratórios bastante complexos do ponto de vista histórico e, ao contrário do que se possa pensar, são exemplos significativos do nomadismo de homens e mulheres, algo que ajuda a relativizar a ideia de que as pessoas da época viviam por gerações presas à terra, às atividades agrícolas, à comunidade local e a ritmos de tempo presumida e exclusivamente lentos e cíclicos. Em maior ou menor grau, elas eram realizadas por diversas razões e, ao que parece, as migrações a um templo ou lugares considerados sagrados faziam parte dessa dinâmica de deslocamento e expansão social durante toda a Idade Média.

Afinal, de quais maneiras os peregrinos eram definidos no medievo hispânico? Quais sentidos possuíam em alguns textos jurídicos medievais? Apenas em certa medida as definições de *peregrinus* decorrem das tradições romanas clássicas e pós-clássicas, que entendiam o termo como referência a todo aquele que se encontrava fora do seu domicílio ou provinha de uma terra estranha. Acima de tudo, o "peregrino" era o "estrangeiro", o exótico, o estranho, o que viaja, o que corre as terras alheias... *Peregrinatio*, portanto, era uma grande viagem, e, no infinitivo, *peregrinari* era viajar por lugares distantes e desconhecidos. Do ponto de vista jurídico, durante o Império Romano, o peregrino era aquele que não possuía a cidadania romana, que se encontrava à margem do grupo ou da vida ativa dos cidadãos[293]. Pouco a pouco, especialmente à medida que Roma incorporava diversos territórios e pessoas, constituiu-se uma espécie de *ius gentium* (direito das gentes), a fim de mediatizar as relações entre cidadãos e não cidadãos. Nesse caso, esse "direito das gentes" foi sendo (re)constituído, tornando-se mais complexo, já que visava mediatizar juridicamente as relações entre os cidadãos romanos e os estrangeiros, os *peregrinos*. Por um lado, os governadores de províncias – e para o caso da cidade de Roma, o *praetor peregrinus* – eram as autoridades cujo papel ideal era regular as matérias ligadas a compra, venda, arrecadamento, mandatos, empréstimos de dinheiro etc. Por outro, com a romanização de diversos territórios, as relações e limites entre o "direito das gentes" e a cidadania tenderam a se esfumaçar e a se estender às novas províncias e municípios ocupados pelos romanos. Por exemplo, na Península Ibérica, se, em um primeiro momento, os *hispani* eram os estrangeiros em seu próprio território, em um segundo momento, com a relativa fusão sociocultural, religiosa e política entre romanos e "hispânicos", alterou-se também as relações jurídicas entre cidadãos e "peregrinos".

Com as migrações, colonizações e "invasões" germânicas – e o subsequente processo de organização dos reinos e outras circunscrições territoriais mais fragmentadas –, esse *ius gentium* sofreu modificações, adaptando-se não somente aos afastamentos e conflitos entre "indígenas" e "forasteiros", como também às fusões entre as populações locais e os germânicos; ora com conotações territoriais, patrimoniais, ora

---

293. VALDÉS Y VALDÉS, M.A. *La extranjería en la historia del derecho español.* Oviedo: Universidad de Oviedo, 1992, p. 83-93.

étnico-pessoais. Nesse período, os textos latinos tinham diversas palavras para designar os movimentos de pessoas e as terras estranhas: *in itinere pergens* (no caminho a percorrer), *in expeditione publica* (na expedição pública, na campanha militar ou hoste), *extra provincias nostras ad alias regiones* (de outras regiões fora das nossas províncias) etc. Antes de ser traduzido e adaptado para o castelhano no século XIII, com o nome de *Fuero Juzgo*, a *Lex Visigothorum* (Lei dos visigodos) ou o *Liber Iudiciorum* (Libro dos Juízes) mantinham a conotação clássica dos termos peregrinação e peregrino. Marcada pela distinção jurídica entre livres, escravos e libertos, a legislação visigoda tratava a "estrangeria" como algo problemático no controle da circulação de pessoas consideradas dependentes. Exemplo disso é a norma que procurava regulamentar a fuga de "servos" – isto é, os escravos ou não livres – para outras terras estrangeiras. No Livro IX, Título I, Lei X, prescreve-se que os "servos" que fossem vendidos duas vezes pelo seu senhor não poderiam ser revendidos nem submetidos novamente à servidão quando retornassem *ex peregrinatione* (do exterior) ou *ex peregrinis locis ad patriam* (do exterior para a terra natal)[294].

Em parte, ainda na Alta Idade Média, a Igreja também contribuiu para manter e modificar o entendimento que se tinha das palavras *peregrinus* e *peregrinatio*, cristianizando-as. Isidoro de Sevilha manteve a conotação geral de *peregrinus*, entendendo-o em um sentido mais geográfico, como aquele que está situado longe da "pátria" (entendida como local onde se nasce e vive), como estrangeiro (*Peregrinus, longe a*

---

294. *Fuero Juzgo en latim y castellano* – Cotejado con los mais antigos y preciosos códices – La Real Academia Española. Madri: Ibarra, 1815, p. 97, 119 e 120.

patria positus, sicut alienigena, ou seja: "Peregrino [é aquele] que está situado longe da pátria, como estrangeiro")[295]. O "alienígena" em latim era o estranho, o de outra "origem" e lugar, era o outro, por assim dizer. Sem dúvida, há um sentido mais abstrato e espiritual, com um conteúdo mais explicitamente cristão e agostiniano, que via a peregrinação ou o peregrino como uma atividade e uma pessoa em permanente exílio na "cidade dos homens", no mundo, presa à vida presente e material, às coisas externas aos homens, aos bens corporais, à espera do retorno à verdadeira terra, à pátria da alma, da vida depois da vida, da "cidade de Deus"[296]. Para Santo Agostinho, opondo a felicidade temporal à espiritual, não se deveria "incriminar o nome cristão por causa do cativeiro dos seus santos que esperam, com verdadeira fé, a pátria celeste e se reconhecem peregrinos nas suas próprias moradas"[297].

Parece que essa dupla conotação complementar de estrangeiro e exilado continuou existindo ao longo da Idade Média, mas sofreu diversas ressignificações ao sabor das transformações históricas que imprimiram sentidos adaptados às instituições sociais, religiosas, políticas e jurídicas. Certamente, isso esteve ligado à criação e desdobramento dos diversos lugares de culto cristão espalhados por todo o Ocidente e Oriente conhecidos à época. A historiografia tradicional identifica pelo menos três terminologias para

---

295. ISIDORO DE SEVILLA. Etimología X, 215. In: OROZ RETA, J.; MARCOS CASQUERO, M.-A. & DÍAZ Y DÍAZ, M.C. *Etimologías.* Madri: BAC, 2004, p. 831.

296. SANTO AGOSTINHO. *Confissões.* Livros VII, X e XI. Covilhã: Universidade da Beira Interior, 2008, p. 49, 50, 102 [Trad. de Arnaldo do Espírito Santo, João Beato e Maria Cristina Castro-Maia de Sousa Pimentel].

297. SANTO AGOSTINHO. *Cidade de Deus.* Lisboa: Fundação Calouste Gulbenkian, 1996, p. 145.

definir esses viajantes dedicados a visitar os lugares santos, geralmente utilizando-se de referências históricas como Dante Alighieri[298]. Em *Vida nova* (1292-1293), uma obra que mistura prosa e poesia, Dante definia assim esses transeuntes do sagrado, utilizando-se de uma referência claramente to-pográfica e devocional:

> A fim de que resulte mais lastimoso, propus-me escre-vê-lo como se tivesse falado com eles. Escrevi então o soneto que começa: *Peregrinos que ides cuidadosos*. E disse peregrinos: na larga acepção do vocábulo, pois que peregrinos se pode entender de dois modos, um largo, e outro estricto: no primeiro, enquanto é pere-grino **todo aquele que está fora da pátria**; no segundo, **se vai para a casa de S. Tiago ou se de aí regressa.** Além disso, é de saber que de três modos se denominam pro-priamente aqueles que vão servir o Altíssimo: **palmei-ros**, se vão além-mar, de onde muitas vezes trazem a palma; **peregrinos**, se vão ao templo de Galiza, pois a sepultura de Santiago está mais distante da sua pátria que a de qualquer outro apóstolo; **romeiros,** se vão a Roma que era aonde se dirigiam os meus peregrinos (grifos nossos)[299].

Inicialmente, Dante reproduzia dois níveis de definição semântica: a) um geral, que identificava o "peregrino" ao es-trangeiro; b) e outro específico e complementar, que associava o vocábulo aos viajantes a Santiago de Compostela. Depois,

---

298. Cf. BARREIRO RIVAS, J.L. *La función política de los caminos de peregrinación en la Europa medieval* – Estudio del Camino de Santiago. Madri: Publicac/Tecnos, 1997, p. 88-89. • PARDO GATO, J.R. El derecho castellano-leonés en la peregrinación jacobea... Op. cit., 200.

299. DANTE ALIGHIERI. *Vida nova*. 3. ed. Lisboa: Guimarães, 1993, p. 89 [Trad. dos originais italiano e latino por Carlos Eduardo Soveral].

estabeleceu outros três modos de nomear aqueles que, em última instância, desejavam servir aos desígnios divinos, indo aos lugares de devoção: os *palmeiros*, a Jerusalém; os *romeiros*, a Roma; e, por causa da distância, os *peregrinos*, a Santiago.

Diferente do que fez Dante, as legislações medievais não definiam conceitualmente os termos que eram matéria de normatização. Elas aplicavam muito mais as definições em prescrições do que explicavam os seus contornos. Algo diverso das referências literárias. Mas há exceções, pois algumas leis castelhano-leonesas do século XIII se preocupavam com as definições do que seria regulado juridicamente, precisando igualmente seus contornos semânticos. Nesse caso, nem sempre a separação terminológica tripartite era seguida termo a termo. Outros arranjos foram usados. Vejamos na Primeira Partida, no título *De los romeros e de los peregrinos*:

> Romeiros e peregrinos são homens que fazem suas romarias e peregrinações **para servir a Deus ou honrar os Santos**; e por desejo de fazer isso, **apartam-se de seus lugares**, e de suas mulheres, e de suas casas, e de tudo que possuem, e **vão por terras alheias**, flagelando os corpos, e despendendo os averes, buscando os santos (grifos nossos)[300].

> **Romeiro** tanto quer dizer **homem que se aparta de sua terra,** e vai a Roma para visitar os Santos Lugares, em que jazem os corpos de São Pedro e São Paulo, e dos outros santos, que sofreram martírio por Nosso Senhor Jesus Cristo. E **peregrino** tanto quer dizer **homem estranho** que vai visitar o Santo Sepulcro de Jerusalém, e

---

300. Primeira Partida, Título XXIV. In: ALFSONSO, X. *Las siete partidas de Don Alfonso X.* Tomo I. Barcelona: Antonio Bergnes, 1843-1844, p. 713.

os outros Santos Lugares, em que Nosso Senhor Jesus Cristo nasceu, viveu e sofreu a morte e paixão pelos pecadores; [seriam] os que andam em peregrinação a **Santiago ou a São Salvador de Oviedo, ou a outros lugares de longa e estranha terra**. E como se quer, há diferenciação, quanto à palavra, entre romeiro e peregrino; porém segundo comumente as gentes a usam, assim chamam a um como a outra (grifos nossos)[301].

Em uma das seções das *Siete Partidas* mais dedicadas aos temas da Igreja e dos sacramentos cristãos, a perspectiva da Primeira Partida é diferente da visão de Dante. Os "romeiros" eram aqueles viajantes que abandonavam extraordinariamente sua terra natal e iam em direção a Roma visitar os sepulcros de Pedro, Paulo e outros santos. Antes de adquirir características universalizantes por antonomásia, a palavra "peregrino" frequentemente se referiria não somente às pessoas destinadas ao túmulo e aos locais onde Jesus Cristo e mártires teriam circulado em Jerusalém, como também a Santiago de Compostela e São Salvador em Oviedo. A legislação monárquica não deixava de incluir Oviedo e Compostela como referências devocionais, dada a importância propagandística desses lugares de culto do reino castelhano-leonês.

As *Siete Partidas* são o resultado de um esforço de juristas castelhano-leoneses para unificar e renovar o direito sob os auspícios do poder monárquico. Por isso, fica fácil entender as suas pretensões universalistas e ibéricas na regulamentação da circulação de fiéis especialmente no norte da Península Ibérica. Porém, o mais significativo são os

---

301. Ibid. Lei I, p. 714.

contornos comuns aos "romeiros" e "peregrinos": em termos ideais, eles honram a Deus, servem aos santos, flagelam seus corpos, mas deslocam-se por longas e estranhas terras, abandonando, como estrangeiros neste mundo, suas terras, bens e mulheres. Como se vê, a princípio, em uma perspectiva teológico-sacramental e religiosa, os romeiros e peregrinos são vistos como sujeitos masculinos e estrangeiros penitentes. Mas será que "a motivação mais pura da peregrinação é a devoção"[302], como idealizavam Luis Vázquez de Parga e seus coautores?

Concentremos nossa atenção na Península Ibérica e nos peregrinos jacobeus. Como se sabe, o "descobrimento" e a "translação" dos restos do apóstolo de Santiago Mayor ou, mais precisamente, a "fabricação"[303] do culto jacobeu está conectada ao desenvolvimento de uma rede de caminhos, vias e rotas de peregrinações locais e regionais que convergiram a Compostela. Essa região foi um lugar considerado sagrado no período pré-romano, que fora cristianizado e, por volta da primeira metade do século IX, com o processo de afirmação da monarquia astur-leonesa, foi sendo pouco a pouco associado ao culto de Santiago. Antes do século VII, nada apontava para quaisquer "embriões" de culto apostólico, evidenciando que ele foi um processo complexo de "invenção" relacionado a diversos aspectos sociais, políticos, culturais, religiosos, militares, institucionais e jurídicos.

---

302. PARGA; LACARRA & RÍU. *Las peregrinaciones...* Op. cit., p. 119.

303. Para saber mais a respeito do debate descobrimento/invenção do culto jacobeu, cf. LÓPEZ ALSINA, F. La invención del sepulcro de Santiago y la difusión del culto jacobeo. In: VV.AA. *El Camino de Santiago y la articulación del espacio hispânico* – XX Semana de Estudios Medievales: Estella, 26-30/07/1993. Pamplona: Departamento de Educación y Cultura/Gobierrno de Navarra, p. 1994, p. 59-84.

Para José Luis Barreiro Rivas[304], sem dar um caráter anacronicamente secularizador ao culto jacobeu, ao lado das múltiplas motivações, pode-se propor a tese de que a promoção das peregrinações assumidas por parte de autoridades seculares e eclesiásticas também possuíram objetivos marcados pelas confrontações com Bizâncio e com o Islã, com as disputas e associações entre os poderes monárquicos e eclesiásticos, justamente em um contexto de apropriação de valores e práticas neogóticas da "Reconquista". Ou seja, em um contexto de expansão, antes mesmo de se tornar um fenômeno europeu e subsidiado por várias outras instituições sociais, uma das chaves explicativas para esse impulso inicial das peregrinações jacobeias só poderia ser compreendida se levássemos em conta esses fatores: o esforço de afirmação política ante a fragmentação do espaço e as disputas internas e externas; as afirmações identitária e ideológica, especialmente aquelas ligadas à "Reconquista" ou Restauração, cujos desdobramentos possuíam não somente índole teológica, religiosa, sacramental e eclesiástica, mas também cultural, "civil", comercial e estratégica das peregrinações[305].

Em geral, depois de seu impulso inicial nos séculos IX, X e XI, as peregrinações a Santiago foram se consolidando nos séculos XII e XIII, embora entrassem em crise ou sofressem significativas transformações nos séculos XV e XVI, um processo que se estenderia até pelo menos os alvores do século XVIII. Do ponto de vista jurídico, interessa-nos os momentos em que foram construídas com maior nitidez as norma-

---

304. BARREIRO RIVAS, J.L. *La función política de los caminos de peregrinación en la Europa medieval.* Op. cit., p. 4.

305. Ibid., p. 69-70.

tivas de proteção e controle da circulação de peregrinos. Seguramente, isso tem claras implicações para o entendimento que se tinha dos peregrinos e das peregrinações, visto que faz-nos relativizar o exclusivismo estanque das motivações religiosas e penitenciais como fatores únicos para entender esse fenômeno histórico.

Durante os séculos XI, XII e XIII houve uma espécie de profusão de legislações gerais sobre os peregrinos, presentes em decretos conciliares, diplomas régios, compilações jurídicas, salvo-condutos, *fueros* etc. O movimento de pessoas provenientes de diversas regiões da Península Ibérica e do restante da Europa provocou a necessidade de as autoridades seculares e eclesiásticas promoverem e controlarem as peregrinações, aproximando-as ou distinguindo-as de outras formas de atividade. É o caso das relações entre peregrinos e cruzados, e entre aqueles e os comerciantes. Segundo Elías Valiña Sampedro, a definição da condição jurídica dos peregrinos em geral foi um processo difícil, especialmente nos anos iniciais das peregrinações jacobeias, porque eles eram personagens estranhos nas diversas modalidades legislativas e não possuíam propriamente um estatuto particular[306]. Isso ocorreu pouco a pouco, e por essa razão eram comparados ou associados a diversos grupos sociais, incluindo os mercadores, por virem igualmente de terras estranhas e longínquas.

As legislações pontifícias do século XII são exemplos da primeira aproximação. Excetuando o IV Concílio de Latrão (1215), presidido pelo Papa Inocêncio III (1198-1216), em que não há qualquer decreto direcionado propriamente

---

306. VALIÑA SAMPEDRO, E. *El Camino de Santiago...* Op. cit., p. 34.

aos peregrinos, os três concílios lateranenses – 1123, 1139 e 1179 – incluem dois tipos de regulamentação. No primeiro trata-se de uma aproximação propagandística que procurava sacralizar as Cruzadas a Jerusalém e à Península Ibérica, aproximando-as dos movimentos peregrinatórios. Vejamos:

> **Qualquer um que marchar até Jerusalém para ajudar a defesa do povo cristão e a vencer a tirania dos infiéis, lhes concedemos a remissão de seus pecados.** Tomamos sob a **proteção do Bem-aventurado Pedro e da Igreja Romana suas casas, suas famílias, e todos os seus bens conforme o decreto do Papa Urbano.** Desde esse momento, quem se atrever a subtrair uma parte dos mesmos ou a arrebatá-los **durante o tempo de sua peregrinação,** será excomungado. Com relação àqueles que colocaram uma cruz sobre suas vestes, **bem seja com intenção de tomar o caminho até Jerusalém ou até a Espanha** e que depois a abandonar, lhes **ordenamos pela autoridade da Sé Apostólica tomar novamente a cruz e a colocar-se no caminho entre a Páscula já próxima e a seguinte.** Pelo contrário, os castigamos já desde agora com o interdito *ab introitu ecclesiae* [a partir da Igreja] e imporemos igualmente em interdito todas as suas terras e proibimos nelas os ofícios divinos, à exceção do batismo das crianças e a penitência dos moribundos (grifos nossos)[307].

Celebrado por um dos papas mais interessados nas peregrinações jacobeias, Calisto II, em 1123, o I Concílio de Latrão é claro nesse sentido. Ele previa o perdão dos pecados e a proteção de bens e parentes que ficassem para trás

---

307. Latrão I, cânone 10. In: FOREVILLE, R. *Lateranense I, II, III.* Vol. 1. Vitória: Eset, 1972, p. 226-227.

"durante o tempo de peregrinação". Estabelecia-se punições canônicas não somente para os que causassem danos a bens e familiares dos peregrinos armados, como também aos que abandonassem a causa cruzadística. Ao que tudo indica, essa associação não era totalmente novidade, pois o Concílio de Clermont, de 1095, presidido pelo Papa Urbano II (o mesmo citado no decreto lateranense), aproximou esses dois movimentos, prevendo a remissão dos pecados daqueles que fossem libertar a Terra Santa do controle dos infiéis[308]. Para Alejandro González-Varas Ibáñez, ao menos na perspectiva de alguns textos canônicos, as Cruzadas foram consideradas nos séculos XI e XII como uma viagem penitencial e devocional em direção à Terra Santa, e o seu componente militar foi visto com um valor secundário[309]. A mesma associação canônica foi retomada no III Concílio de Latrão (1179), presidido pelo Papa Alexandre III (1159-1181); porém, dessa vez, direcionada aos hereges de diversas localidades, em especial os albigenses do sul da França. Como aponta o cânone 27: "Entretanto, a quem o ardor de sua fé tiver sido compelido a combatê-los, nós os colocamos, **como aos peregrinos do Santo Sepulcro**, sob a proteção da Igreja, de maneira que estão assim ao abrigo de todos os ataques, tanto em seus bens como em suas *personas*" (grifo nosso)[310]. No caso específico da Península Ibérica, não é possível uma identificação termo a termo entre "Cruzada" e "Reconquista" ou "Restaura-

---

308. SOMERVILLE, R. *The Councils of Urban II* – Decreta Claromontensia. Amsterdã, 1972 [Annuarium Historiae Conciliorum, Supplementum, 1].

309. GONZÁLEZ-VARAS IBÁÑEZ, A. La protección jurídico-canónica y secular de los peregrinos en la Edad Media... Op. cit., p. 503-542.

310. Latrão III, cânone 27, p. 279-281.

ção", de um lado, e as peregrinações em geral e a jacobeia, de outro. Excetuando as legislações afinadas com a reforma pontifícia, tratam-se de fenômenos relativa e eventualmente distintos quanto à composição social, aos propósitos políticos e às motivações religiosas. Apesar disso, o certo é que o papado intentou aproximar esses movimentos, incentivando sua organização e alargando o entendimento de peregrinação penitencial para além do sentido que possuía desde pelo menos os séculos VII e VIII[311].

Já no segundo tipo de regulamentação pontifícia, há uma paridade entre peregrinos e um conjunto de outros grupos sociais. Eis na sequência os cânones de Latrão I, Latrão II e Latrão III:

> Todo aquele que intente apoderar-se dos **romeiros ou peregrinos** que vão visitar os lugares dos apóstolos e os santuários de outros santos, ou igualmente os despoje de suas bagagens ou moleste aos **mercadores** ao exigir indevidamente novos tributos ou peagens, seja privado da comunhão cristã até que tenha cumprido a penitência merecida por tais atos (grifos nossos)[312].

> Ordenamos que os sacerdotes, os clérigos, os monges, **os peregrinos e os mercadores**, os aldeões em suas idas e vindas e no trabalho dos campos, os animais de labor e de tiro quando transportam as sementes para os campos, assim como também as ovelhas, gozem sempre de segurança (grifos nossos)[313].

---

311. Para saber mais sobre as relações entre Cruzadas e Reconquista, cf. AYALA MARTÌNEZ, C. Reconquista, cruzada y ordenes militares. *Bulletin du Centre d'Études Médievales d'Auxerre*, n. 2, 2008, p. 1-12.

312. Latrão I, cânone 14, p. 227.

313. Latrão II, cânone 11, p. 242.

> Reiteramos a ordem que prescreve que os sacerdotes, os monges, os conversos, **os peregrinos, os mercadores,** os lavradores em suas idas e vindas e no trabalho de seus campos e também os animais que levam as sementes aos campos gozem da **segurança** necessária e requerida. Que ninguém estabeleça novamente direitos de peagem sem a autorização dos reis ou dos príncipes, nem renove ou aumente os já existentes. Todo aquele que violar estas prescrições, se uma vez advertido persiste em sua atitude, será apartado da comunhão cristã até que satisfaça por sua falta (grifos nossos)[314].

Como se vê, do ponto de vista papal, os "romeiros e peregrinos" possuíam um estatuto jurídico privilegiado, mas não exclusivo e individualizado. Eles aparecem como figuras especiais ao lado de membros do clero secular e regular, dos aldeões e lavradores, de animais e, sobretudo, dos mercadores. O que há em comum entre esses grupos para que os cânones pontifícios os aproximassem? Todos esses parecem gozar de vulnerabilidades inerentes à condição nômade das suas atividades, mas, ao que tudo indica, eles são sujeitos vistos como incapazes de se defenderem sozinhos, porque, ao menos idealizadamente, estão desarmados e fora das jurisdições tradicionais. Tal como os mercadores, os sacerdotes, clérigos, monges, aldeões, conversos, lavradores e, sobretudo, os peregrinos circulavam por lugares que deveriam ser protegidos pelas autoridades seculares e eclesiásticas. Aliás, ao lado dos outros grupos, os mercadores são os únicos cuja atividade figura nos três concílios que foram associados aos peregrinos em função das suas semelhanças jurídicas. Trata-se de

---

314. Latrão III, cânone 22, p. 277.

viabilizar uma espécie de ordem nos caminhos, nas idas e vindas, na circulação de pessoas, contra determinados tipos de violência e contra aqueles que pudessem pôr em perigo a integridade física e sua segurança.

O foco não estava simplesmente no espaço. Nas leis contemporâneas, a preocupação recaia muito mais sobre a ordenação do espaço e a proteção do patrimônio artístico-cultural e arquitetônico-monumental dos caminhos de peregrinação do que nas pessoas propriamente ditas[315]. Já a legislação pontifícia do século XII, sem deixar de lado a ordem espacial, concentrava a atenção na proteção difusa e não exclusiva das pessoas dedicadas à peregrinação aos lugares santos. É fundamental lembrar que essa preocupação em ordenar as pessoas nos seus deslocamentos espaciais, em especial os peregrinos, fazia parte de um esforço reformador pontifício. Esse esforço incluía não só a organização de toda a hierarquia clerical – tendo como liderança o Bispo de Roma, a luta contra a intervenção leiga nas questões eclesiais, a questão das investiduras, a moralização do clero, como também o ordenamento e catolicalização da sociedade[316].

A esse último aspecto pode-se incluir a normatização da circulação de peregrinos. Até certo ponto, a legislação protetora dos peregrinos e outros grupos sociais coadunava-se com a chamada Paz e Trégua de Deus em "caminhos públicos", intento promovido especialmente pelas autorida-

---

315. SANZ LARRUGA, F.J. *La protección jurídica del Camino de Santiago* [Disponível em http://ruc.udc.es/bitstream/2183/8719/1/CC39art7ocr.pdf – Acesso em jul./2015, p. 161].

316. LIMA, M.P.L. & SILVA, A.F. Reforma papal, a continência e o celibato eclesiástico: considerações às práticas legislativas do pontificado de Inocêncio III. In: *História: Questões & Debates*, n. 37, 2002, p. 83-109 [Curitiba: UFPR].

des eclesiásticas e papais, mas, quando não havia conflitos, também apoiado pelas seculares; a finalidade era limitar e canalizar os excessos de violência recaídos sobre determinadas pessoas e lugares. Por isso, em Latrão I, estabelece-se que, "com a autoridade do Espírito Santo, nós confirmamos todas as constituições dos pontífices romanos, nossos predecessores, relativas à paz, à trégua de Deus, ao incêndio e à **segurança dos caminhos públicos**" (grifos nossos)[317].

Essa mesma inquietude jurídica sobre a segurança também esteve presente na Península Ibérica durante o final dos séculos XI e XII, nas idas e vindas daqueles cujos ofícios, atividades e vulnerabilidades desarmadas chamavam a atenção de alguns sínodos e concílios, muitos dos quais foram presididos por legados pontifícios. Podemos fazer abstração das diferenças e alcances jurisdicionais entre as assembleias, reuniões episcopais, sínodos e concílios convocados, presididos ou apoiados por autoridades locais, seculares ou eclesiásticas, mais ou menos coadunadas com os preceitos de Roma. A seguir nos concentraremos em alguns exemplos que fazem menção direta aos peregrinos.

O Concílio de Lion, celebrado em 1114, foi presidido por Dom Bernardo, arcebispo de Toledo e também legado pontifício. Coadunado com as pautas reformadoras papais, estabeleceu diversos decretos normativos proibindo o nicolaísmo, a simonia, a desobediência de clérigos e monges, o casamento consanguíneo, combateu os traidores e perjuros e, com a mesma veemência, negou a intervenção leiga na Igreja. Nesse rol de normas, o cânone IV estabelece que "Vivam em quietude

---

317. Latrão I, cânone 15, p. 227.

e caminhem com segurança os comerciantes, **peregrinos**, e lavradores, e que ninguém se apodere deles nem de suas coisas" (grifo nosso)[318]. O Concílio Compostelano, presidido por Diego Gelmírez (bispo entre 1100 e 1120 e arcebispo de 1120 a 1149), naquele ano de 1114, no cânon XXIII, confirmou uma prescrição semelhante: "Não se tomará fiança aos **mercadores que vão em romaria** nem aos **peregrinos**; e aquele que o fizer pagará o dobro e será excomungado, pagando, ademais, sessenta soldos para o senhor daquela honra" (grifo nosso)[319]. Por sua vez, o Concílio de Compostela, de 1124, celebrado pelo mesmo bispo, estabelece que "Os **peregrinos** e mercadores não sejam presos nem se tome prenda deles, a não ser por sua própria culpa"[320]. Convocado pelo Rei Afonso VI (rei de Leão entre 1065 e 1109, e de Castela entre 1072 e 1109) e presidido pelo arcebispo de Toledo, Raimundo, o Concílio de Palência, de 1129, contou com a participação do próprio Diego Gelmírez e de diversas autoridades eclesiásticas e leigas. O cânone XII estabelece o seguinte sobre nosso tema: "Se alguém atacar os clérigos, monges, caminhantes, mercadores, os **peregrinos** que vão visitar os sagrados lugares e as mulheres, seja encerrado em um mosteiro ou desterrado"[321].

Nos concílios e sínodos hispânicos do século XII, à semelhança das assembleias papais, aproxima-se em uma mesma mirada jurídica viajantes, lavradores, clérigos, monges e, so-

---

318. TEJADA Y RAMIRO, D.J. *Colección de cânones y de todos los concilios de la iglesia de España y de America (latim y castellano)*. Madri: Imprenta de D. Pedro Montero, 1861, p. 233.

319. Ibid., p. 238.

320. FALQUE, E. *Historia compostelana.* Madri: Akal, 1994, p. 444. ● TEJADA Y RAMIRO, D.J. *Colección de cânones... Op. cit.*, p. 233.

321. FALQUE, E. *Historia compostelana. Op. cit.*, p. 504.

bretudo, comerciantes e peregrinos. A proximidade é tanta, que os "**mercadores que vão em romaria**" estão correlacionados aos peregrinos propriamente ditos. Curiosamente, como salienta o texto legislativo palentino, as mulheres são incluídas nesse rol de grupos sociais sob a proteção das autoridades seculares e eclesiásticas. No entanto, não nos parece que o texto conciliar tenha incluído as figuras femininas como peregrinas ou romeiras. Pelo contrário, embora elas fossem numerosas nas rotas e caminhos de peregrinação, a fonte jurídica reproduz o pressuposto masculino quando se refere aos peregrinos, aproximando-os das mulheres apenas no sentido de protegê-las contra as ações violentas de todo tipo.

Contudo, apesar de recorrente, como demonstra a historiografia, a paridade jurídica entre mercadores e peregrinos não redundava em aproximação completa. Há exemplos de normas que distinguem esses personagens e elaboraram legislações mais específicas. Pelo menos era essa a impressão que algumas legislações "civis" ou seculares demonstravam ao normatizarem o comportamento moral. A Primeira Partida deixa isso claro quando aponta que "Romaria e peregrinação devem fazer os romeiros com grande devoção, dizendo e fazendo o bem, e guardando-se [i. é, evitando-se] de fazer o mal, não **andando vendendo mercadorias, nem picardia pelo caminho**, e devem chegar cedo na pousada quanto puderem" (grifo nosso). Isso era algo diferente das legislações sinodais e conciliares, que não viam contradição entre mercadores e peregrinos; aqui, o esforço era distinguir um do outro. Uma das características mais marcantes das Partidas era a mistura de leis canônicas, seculares e senhoriais, em uma espécie de tratado jurídico "dicionarizado"; uma coleção de normas legais, mesclando prescrições e admoestações morais. Nesse caso, os peregrinos não deveriam desviar sua atenção para aquilo que fugisse à própria lógica da devoção. Dizer e fazer o bem, evitar o mal, chegar cedo às instalações onde se vai descansar, mas também evitar a picardia e a confusão dos ofícios e funções, tudo isso era parte da devoção.

Ao longo dos caminhos peregrinatórios não faltavam diversas oportunidades de se fazer negócios, já que as feiras medievais geralmente se distribuíam ao longo daquelas rotas assinaladas pela maior circulação de pessoas, a presença de estradas e centros urbanos. Não seria incomum que as peregrinações se misturassem eventualmente às atividades comerciais para satisfazer necessidades básicas ou para servir de oportunidade de angariar recursos para outros propósitos. Portanto, tanto as aproximações entre peregrinos e mercadores – devido às semelhanças jurídicas e a falta de estatutos exclusivos – quanto os distanciamentos – em razão dos ideais religiosos de uma sociedade estamental – eram duas faces de uma mesma moeda.

Talvez a proximidade entre esses grupos tornava ainda mais necessária as distinções entre eles; pelo menos assim nos parece para as regiões de peregrinação e comércio. A Galícia e o restante do norte da Península Ibérica eram regiões rurais, dedicadas à agricultura e à criação de gado, entre outras atividades econômicas. No entanto, especialmente nos séculos XI e XII, surgiu um número significativo de cidades e atividades mercantis, e a própria cidade de Santiago era, em um só tempo, urbana, mercantil e clerical. Apesar da proximidade jurídica entre mercadores e peregrinos, havia legislações que normatizavam de forma separada a presença e a circulação desses personagens. Por exemplo, em setembro de

1095, quando o Conde Raimundo da Borgonha, juntamente com sua esposa Urraca, filha de Afonso VI e à época rainha de Galícia, visitaram a sede apostólica de Santiago para rezar (*cum causa orationis ad sedem domini Iacobi uenissemus*), aproveitaram a ocasião e estabeleceram um salvo-conduto para proteger os mercadores e seus bens de usurpações e roubos na região de Compostela.

> Decidimos e verdadeiramente estatuímos este nosso decreto que seja observado em todos os tempos, **em prol da cura das nossas almas e em prol da memória dos nossos parentes**, dar permissão a ti pai e venerável Bispo Diego e aos seus cônegos da Sé, **que nenhum mercador ou habitante da sua cidade de miliário a miliário, que vier negociar em outra terra, não seja preso ou roubado por qualquer pessoa em qualquer lugar,** mas antes que seja feita a denúncia do que foi roubado nesta cidade e demandará a verdade ao bispo ou aos seus senhores do local diante de todo o concílio e testemunhas idôneas (grifos nossos)[322].

Atestando uma relativa autonomia jurídica atribuída aos peregrinos, posteriormente, em 6 de novembro de 1254, em uma legislação específica, Alfonso X (1252-1284) ordenou que os peregrinos e seus familiares pudessem transitar livremente pela cidade e permanecer onde desejassem. Tratava-se de um diploma régio escrito em Burgos com o beneplácito jurídico de diversas autoridades. Nota-se que o salvo-conduto estendia-se ao interior dos reinos e províncias sob o poder afonsino, mas também para os limites dos seus domínios:

---

322. LUCAS ALVAREZ, M. (ed.). *Tumbo A de la Catedral de Santiago*. Santiago: Seminário de Estudos Galegos/Cabildo de la Sami/Catedral, 1998, p. 171.

Que seja sabido tudo que foi estabelecido no presente escrito que, nós, Afonso, pela graça de Deus, rei de Castela, Toledo, Leão, Galícia, Sevilha, Córdoba, Múrcia e Jaén, tendo tratado diligentemente com os bispos, príncipes, cavaleiros, homens religiosos e todos os nobres do sacro palácio, **a todos os peregrinos e principalmente todos os que vierem de qualquer outro lugar para Santiago**, concedemos este nosso piedoso benefício tanto para os mesmos quanto **os seus familiares**, para que venham, retornem ou permaneçam seguramente nos domínios limítrofes de cada um dos nossos reinos e províncias (grifos nossos)[323].

Além das relações de aproximação, distinção ou separação entre mercadores e peregrinos, outro elemento que poderia identificar aqueles e aquelas dedicados às peregrinações eram as vestimentas. Como se sabe, as roupas e os acessórios possuem uma historicidade, já que cumprem papéis importantes não somente em termos utilitários, para a proteção das variações climáticas (chuva, sol, calor, frio), como também possuem funções sociais e identitárias. Através das indumentárias é possível analisar a construção, manutenção, legitimação e alteração de diferenças e hierarquias sociais, grupais, etárias, religiosas, políticas, econômicas, de gênero etc.

Até certo ponto, a aparência e as vestimentas também caracterizavam os peregrinos e peregrinas. Não há estudos específicos sobre a história das indumentárias peregrinatórias. As obras dedicadas ao tema apenas tocam tangencialmente nessa questão. Segundo o texto clássico de Luis Vázquez de Parga, dedicado às indumentárias e sua regulamentação,

---

323. GONZÁLEZ BALASCH, M. (ed.). *Tumbo B de la Catedral de Santiago*. Santiago: Seminário de Estudos Galegos/Cabildo de la Sami/Catedral, 2004, p. 151.

"O peregrino não levava em princípio uma vestimenta característica, mas sim o que era comum ao viajante"[324], variando no tempo e lugar, bem como em termos de *status* socioeconômico e institucional. Ainda não há investigações que levem em conta, por exemplo, o gênero como categoria de análise. Haveria diferenças indumentárias entre homens e mulheres, ou quanto ao gênero? Talvez uma análise sistemática das imagens iconográficas, dos restos arqueológicos e das referências escritas possa esclarecer melhor os significados e os lugares que as vestimentas possuíam no plano social ao longo da história das peregrinações medievais. Não iremos fazer essa análise aqui, pois nos concentraremos na regulamentação geral das vestimentas.

Pouco a pouco, antes de se afirmar uma desconfiança em relação a homens e mulheres nômades, associados(as) à "vagabundagem", os peregrinos gozavam de relativa legitimidade. Havia as vestes típicas dos viajantes; mas, em relação às peregrinações jacobeias, os chapéus, as calabaças para água, os bastões, as sacolas e as vestes adornadas com conchas cumpriam funções identitárias importantes. O *Liber Sancti Jacobi*, um texto de meados do século XII, que reúne sermões, milagres, relatos da translação de Santiago, textos litúrgicos, hinos e peças musicais, textos normativos etc., é claro nesse sentido: "Não sem razão os que vêm visitar os lugares santos recebem na igreja o báculo e a sacola"[325].

---

324. PARGA; LACARRA & RÍU. *Las peregrinaciones...* Op. cit., p. 124.

325. Liber, Libro I, cap. XVII, p. 204. In: MORALEJO, A.; TORRES, C. & FEO, J. *Liber Sancti Jacobi "Codex Calixtinus".* Xunta de Galicia/Consellería de Relacións Institucionais e Portavoz do Goberno, D.L. 1992. Cf. tb. a versão latina: HERBERS, K. & SANTOS NOIA, M. *Liber Sancti Jacobi Codex Calixtinu*s. Santiago de Compostela: Xunta de Galicia/ Grafinova, 1998.

Nesses lugares santos (*sanctorum limina*), o bastão (*baculo*) e a sacola (*pera*) tinham sentidos ritualísticos, litúrgicos e penitenciais. Para esse texto, os peregrinos receberiam esses símbolos pelo cumprimento da penitência ao santuário, pela remissão dos pecados e retorno à ordem cristã ao abandonarem os comportamentos pecaminosos. O *Liber* procura normatizar a liturgia penitencial, destacando o que e como as autoridades eclesiásticas deveriam dizer para conceder ou consagrar esses símbolos penitenciais:

> Pois quando os enviamos com motivos de fazer penitência ao santuário dos santos, damos-lhes **uma sacola bendita,** segundo o rito eclesiástico, dizendo-lhes: Em nome de Nosso Senhor Jesus Cristo, **receba esta sacola-hábito de tua peregrinação, para que castigado e perdoado te apresses em chegar aos pés de Santiago,** onde desejas chegar, e para que depois de ter feito a viagem voltes ao nosso lado com gozo, com ajuda de Deus, que vive e reina pelos séculos dos séculos. Amém (grifos nossos)[326].

> Receba este **báculo** que seja como **sustento da marcha e do trabalho,** para o caminho de tua peregrinação, para que possas **vencer as catervas do inimigo e chegar seguro aos pés de Santiago,** e depois de feita a viagem, voltar junto de nós com alegria, com a anuência do mesmo Deus, que vive e reina pelos séculos dos séculos. Amém (grifos nossos)[327].

O bastão significaria a perseverança na fé na Santíssima Trindade, contra os pecados e a favor da defesa do homem

---

326. Liber, livro I, cap. XVII, p. 204.

327. Ibid., p. 204-205.

contra os lobos e cães, ambos associados ao diabo ou às ilusões e fantasmas diabólicos. Já a sacola estreita seria feita de couro de pele de animal, aberta pela boca e sem ligaduras. Isso significaria que o peregrino, confiado no Senhor, deveria levar consigo uma pequena e módica "dispensa". Nesse caso, para o *Liber,* ela significaria o esplendor das esmolas e a mortificação da carne: "E que seja de couro de uma besta morta significa que o peregrino deve mortificar sua carne com os vícios e concupiscências, com fome e sede, com muitos jejuns, com frio e nudez, com penalidades e trabalhos"[328]. No caso das conchas (*crusillas, nidulas, vieiras*), segundo o mesmo texto latino, elas teriam uma conotação ligada às boas obras. A comparação entre as conchas de Santiago e as palmeiras de Jerusalém é direta, e ambas conotam a vitória contra os vícios e pecados. Além disso, com suas couraças, as conchas significariam a própria fortaleza das virtudes cristãs contra os vícios e a favor da caridade[329].

Sem dúvida, esses símbolos possuíam significados teológicos e penitenciais, sendo vistos como dons concedidos por Deus por intermédio da Igreja. Ainda é um ponto pendente de análise saber se e como essas simbologias eram apropriadas por diversos grupos sociais não ligados à fabricação do *Liber*. Seja como for, é necessário investigar com mais afinco como e por que esses indícios indumentários demonstravam sentidos mágico-religiosos, já que poderiam ter atributos ou efeitos apotropaicos como amuletos, recordações, ex-votos etc. A análise de textos hagiográficos e dos vestígios arqueo-

---

328. Ibid., p. 205.

329. Ibid., cap. XVIII, p. 205-206.

lógicos, cruzando-os com textos escritos, poderiam servir às pesquisas com esse escopo. No entanto, para além de toda simbologia indumentária, interessa-nos aqui os esforços de autoridades eclesiásticas e seculares para regular a produção, elaboração e comércio dessas insígnias peregrinatórias. Elas foram fabricadas por razões políticas e econômicas, mas não se pode separar gratuitamente essas dimensões das motivações religiosas. É possível que as autoridades em questão estivessem inclinadas a controlar o sagrado por vias políticas e econômicas.

Houve múltiplas tentativas de ordenar a fabricação e o comércio de conchas, especialmente àquelas feitas de metal (estanho, latão, chumbo e cobre). É claro que esse ordenamento visava garantir rendimentos e procurava também afirmar o poder de determinadas autoridades eclesiásticas e seculares no âmbito do controle das práticas religiosas. Elas estavam ciosas de ordenamento do sagrado ao empreenderem regulamentações contra as falsificações. Por exemplo, o Arcebispo Pedro Suárez de Deza, em 1200, reivindicou o monopólio eclesiástico sobre a propriedade e a administração do ofício de "concheiros". Era um claro esforço para resolver os conflitos de interesse entre os grupos de artesãos e o arcebispado. Suárez de Deza colocava a produção e a distribuição de conchas metálicas sob os auspícios da Igreja compostelana, o que implicava criar regras para a fabricação, comércio e arrendamento dessa atividade. Neste caso, além de limitar o número de oficinas ou "lojas de conchas" (*vices in conchis*), distinguindo as reguladas direta ou indiretamente pelas oficinas, esse bispo estabeleceu uma pensão (*pensione*) estipulada em soldos, sobretudo nas épocas de festas litúrgicas ou nos períodos de maior movimento de peregrinos.

Pedro, por dignação de Deus, arcebispo da Santa Igreja compostelana, aos amados filhos em Cristo, cidadãos que têm as lojas [oficinas] de conchas, saúde no Senhor. Saiba que foi nossa vontade, e que por nós foi estabelecido que as lojas das conchas não fossem senão em número de cem, e que nem por nós nem por vós se aumentasse esse número. Dessas cem lojas, nós tínhamos vinte e cinco, além de outras três que já de antes tínhamos; e destas vinte e oito lojas faremos o que for de nossa vontade. Vós tereis as setenta e duas restantes, e em reconhecimento tereis de dar-nos a cada ano e **por cada loja, um *maravedí* na peregrinação que se faz da Páscoa a Pentecostes, e meio *maravedí* na peregrinação de Outono**, quer dizer, na que se faz da Festa de São Miguel até a de São Martinho. Com esta pensão tereis de nós as ditas setenta e duas lojas pelo espaço de trinta anos (grifos nossos)[330].

Ao que tudo indica, as falsificações não cessaram durante o século XIII e também chamaram a atenção das autoridades pontifícias, que apoiaram ou responderam às demandas do arcebispado no combate à cunhagem e venda de conchas de Santiago. Diversas decretais papais dirigidas a Santiago de Compostela são claras no combate às conchas fabricadas fora da cidade ou não legitimadas pelas autoridades eclesiásticas. Há cartas pontifícias de Inocêncio III (1207)[331], Alexandre IV (1259)[332], Clemente IV (1266)[333] e Gregório X (1272). Tais documentos estavam dire-

---

330. Convenio entre o Arcebispo D. Pedro Suárez e os vendedores de Conchas. In: LÓPEZ FERREIRO, A. *Fueros municipales de Santiago y de su tierra*. Tomo I. Santiago: Imp. y Enc. del Seminario C. Central, 1885, p. 109-111. Cf. tb. LÓPEZ FERREIRO, A. Apendice. In: *Historia de la Santa A.M.* – Igreja de Santiago de Compostela. Tomo V. Santiago: Imp. y Enc. del Seminario C. Central, 1902, p. 15-17.

331. *Patrologia Latina* – Liber decimus quintus, vol. 216, decretal LXXVIII, col. 1.176A.

332. Tumbo B, p. 568-569.

333. Ibid., p. 621-622.

cionados aos bispos e arcebispos de toda a Espanha e Gascônia (a inocenciana e a alexandrina, p. ex.) ou foram resultado da demanda do bispado compostelano para a intervenção do papado na questão (é o caso da clementina e da gregoriana). Em todos os textos, as palavras *signa* e *insignia* conotam significados ligados às marcas, emblemas ou sinais, comumente chamados de *conchae* (conchas). Todas seriam marcas identificatórias do peregrino e, por isso, as decretais procuravam proibir a cunhagem e a venda das suas versões adulteradas (*adulterina insignia* ou *falsa et adultera similia signa beati Iacobi*), especialmente apontando o perigo pastoral que essa prática teria para os cristãos, sem deixar de reforçar continuamente o monopólio compostelano na cunhagem (*fabricare* ou *cudere*) e comércio (*vendere*) de conchas. Exemplifiquemos com a decretal de Gregório X (1272-1276) direcionada ao direito exclusivo da Igreja de Compostela para a fabricação desse símbolo peregrinatório:

> Gregório, bispo, servo dos servos de Deus, aos diletos filhos, e ao eleito capítulo compostelano, saúde e bênção apostólica. Assim como da vossa parte foi declarado diante de nós que **os sinais de Santiago, que vulgarmente são chamadas de conchas**, que tão grandemente na cidade de Compostela estava acostumada desde um tempo cuja memória não existe [desde tempos imemoriais], **nós, inclinados a vossas súplicas, proibimos estritamente pela presente autoridade que nenhuma espécie de concha seja feita em outro lugar que não seja na mencionada cidade, como de costume. Portanto, que a nenhum homem seja lícito infringir a nossa proibição ou a ela se atrever a violar** (grifos nossos)[334].

---

334. Ibid., p. 623.

De forma semelhante ao papado, mas, talvez, de maneira mais juridicamente direta e detalhada, as autoridades seculares e monárquicas peninsulares foram as que mais legislaram sobre o mesmo assunto. Por exemplo, Afonso X, em 1260, ordenou às autoridades do Caminho de Santiago que permitissem a confecção e comércio de conchas nos territórios sob a jurisdição real. Escrito em castelhano, o documento estava direcionado não somente aos homens em geral, aos meirinhos, aos conselhos das cidades do caminho de Santiago, isto é, de Logroño a León, como também estava voltado para o *adelantado mayor* do rei à época, Dom Pedro Guzmán. A reclamação proveio do arcebispo e do cabildo compostelano. A preocupação recai sobre a perda de rendimentos e da legitimidade eclesiástica que proviriam da fabricação de *sennales de Santiago* feitos de estanho e chumbo. Assim, com o objetivo de evitar que "a Igreja de Santiago mingue em sua honra e perca muito do seu", a autoridade monárquica proíbe a fabricação indiscriminada e o comércio de conchas, excetuando aquela que "por direito" fosse concedido pelo bispo compostelano.

> Dom Afonso, pela graça de Deus, rei de Castela, de Toledo, de Leão, da Galícia, de Sevilha, de Córdoba, de Múrcia e de Jaén, a todos os **concelhos das vilas** que estão no caminho de Santiago desde Logroño até Leão, e a vós, **Dom Pedro de Guzmão**, nosso *adelantado mayor* em Castela, e a todos os **meirinhos** e a **todos os homens que estão em vosso lugar** [e] **virem esta nossa carta**, assim como aqueles que queremos bem e em que confiamos, saúde. O **arcebispo e cabildo da Igreja de Santiago** nos enviaram demanda e dizem que muitos homens em nossos lugares e nas proximidades, que fazem **os sinais de Santiago, de estanho e chumbo**, e os

vendem aos romeiros que veem e vão para Santiago, [isso] diminui em sua honra e perde muito do que é seu. **E por isso não temos por bem nem por direito que os sinais de Santiago se façam nem que se vendam em outro lugar senão na cidade de Santiago ou [onde] os mandar fazer o arcebispo de Santiago** (grifos nossos)[335].

Além das fontes monárquicas, os *fueros* locais se interessaram em legislar sobre certos aspectos das indumentárias peregrinatórias. Em 1164, o *Fuero de Estella* (uma legislação pirenaica, também preocupada com a circulação fronteiriça) aproximou também os mercadores e os peregrinos entre si, destacando que aquelas pessoas que quisessem comprar um animal deles poderiam fazê-lo, mesmo que não apresentassem fiadores ou testemunhas. Para o caso dos peregrinos "com sacola e bordão" (*cum spera et baculo*) era suficiente que apenas jurassem para que a compra tivesse validade jurídica[336]. Aqui a sacola e o bastão são sinais materiais de credibilidade associada a uma *persona*. O peregrino não está diretamente envolto em uma aura de sacralidade, como vimos no *Liber Sancti Iacobi*. No entanto, trata-se de uma sacralidade profana, pois, do ponto de vista legislativo, por meio de certas indumentárias ou sinais materiais, ele possuiria atributos, qualidades ou características que deveriam dar aceitabilidade e confiabilidade às suas palavras e atos.

---

335. Ibid., p. 384-385.

336. FUERO DE ESTELLA. In: ZUAZNACAR, J.M. *Ensayo histórico-crítico sobre la legislación de Navarra.* II parte. Universidade Complutense/Imprenta de Ignacio Ramon Baroja, 1827, p.183. Cf. tb. LACARRA DE MIGUEL, J.M. Fuero de Estella. *Anuario de Historia del Derecho Español*, n. 4, 1927, p. 417.

Além desse controle das indumentárias por parte de autoridades episcopais, papais e monárquicas, não é casual que as vestes de peregrino fossem usadas de forma estratégica para propósitos diversos, incluindo o de chegar incógnito em outros destinos. A *Historia Compostelana* faz algumas referências nesse sentido. Essa crônica da primeira metade do século XII estava destinada a exaltar os direitos e domínios do Arcebispo Diego Gelmírez. Os exemplos de usos de vestes estratégicas se referem ao contexto de relações institucionais entre Compostela e Roma. A Igreja compostelana almejava à época aceder e legitimar a superioridade do arcebispado, e isso implicava a busca por legitimação junto à Igreja de Roma, algo que, segundo a crônica, era ensaiado desde o pontificado de Pascual II (1099-1118). Diante dos diversos perigos e conflitos internos e externos (respectivamente, com o Reino de Aragão e com o Islã), a estratégia era enviar cônegos vestidos de peregrinos como mecanismo estratégico para chegar ao destino. A carta teria sido dirigida a João de Gaeta, aquele que se tornaria o Papa Gelásio II (1118-1119). Diante dos perigos e conflitos, a estratégia do cabildo e do bispo foi enviar cônegos compostelanos sob a pele de peregrinos:

> [...] Eu [Diego Gelmírez] certamente iria muito a gosto apresentar-me diante do Papa Gelásio, que é amigo de nossa Igreja e amigo nosso, **e creio que conseguiria dele o arcebispado para nossa Igreja**; porém, o caminho me está fechado por uma ou outra partes. Pois por aqui **os piratas ismaelitas** assediam nosso mar-oceano com não menos de vinte naves, e por ali **por causa das guerras e perturbações do reino de Espanha** de nenhum modo está aberto o caminho por terra. Ademas, **Afonso, rei de Aragão**, é nosso inimigo e de nossa

Igreja, e não nos dá permissão para passar através de seu reino. **Por isso, temos que decidir quem de nossos cônegos acordaremos enviar ao Papa Gelásio ocultamente e com aspecto de peregrino** (grifos nossos)[337].

O apoio da Igreja de Roma continuou no pontificado seguinte, e parece que as respostas também seguiram essa mesma estratégia. Dessa vez, é o enviado do bispo de Compostela e da Rainha Urraca, Giraldo, juntamente com outros cônegos, que demonstra a mesma estratégia para enfrentar os riscos e intempéries dos caminhos até chegar ao território francês, onde se encontrava a corte papal e Calisto II. Como pobres peregrinos, eles teriam usado os caminhos peregrinatórios mais ou menos protegidos e a credibilidade jurídica dos peregrinos para passarem incólumes pelas vias terrestres até chegar ao seu destino.

> [...] E eu [Giraldo] empreendi com audácia algo tão perigoso e tão árduo principalmente por amor a Santiago e pelos rogos de nosso bispo.
>
> [...] E eu, depois de entregar as cavalgaduras ao referido cunhado do Papa Calisto [o cavaleiro Roberto, era também peregrino e portador de uma carta do papa], que em seu regresso de Santiago voltava de Sahagún a Palencia, e depois de falar sobre este assunto com a rainha, empreendi a viagem por caminhos apartados, **camuflado com roupas de pobre e acompanhado de dois peregrinos,** cúmplices do trabalho e do projeto. Depois disso chegamos a Santo Domingo e a partir dali, fazendo o caminho através dos cumes dos montes e das profundidades dos vales, além das escarpadas rochas de Ezcaray, depois de atravessar pelos vales de

---

337. FALQUE, E. *Historia compostelana.* Op. cit., p. 304.

Anguiano, antes de Logroño, regressamos à via pública. Logo, ocultando-nos de dia e caminhando à noite, escapamos e atravessamos os Pireneus por Port-de-Cize (grifos nossos)[338].

Ainda nesse mesmo processo de conquista e legitimação jurídica do arcebispado, Hugo, bispo do Porto (1114-1136), usou o mesmo subterfúgio para chegar à corte papal, à época reunida em Cluny, na Borgonha, para entregar suas demandas. Ele possuía duas missões: uma encomendada por Diego Gelmírez para enaltecer a Igreja de Santiago e transferir a sede metropolitana de Merina e Braga para Santiago; e outra relacionada a sua própria diocese, pois mantinha conflitos de jurisdições com os bispos de Braga e Coimbra, que subtraíram as "paróquias da própria diocese, para que, ditando a justiça, se lhe reintegrasse as paróquias que lhe tinham sido injustamente arrebatadas"[339]. Segundo a *Historia Compostelana*, estimulado por essas razões, a pé ou a cavalo, o bispo do Porto abdicou de suas vestes e alterou sua aparência, simulando ser cego, paralítico, pobre, mendigo e peregrino, para evitar as miradas dos inimigos em terras do rei de Aragão até chegar ao seu destino final. Por meio de uma "dissimulada pobreza", fingindo estar "em peregrinação" ou ocultando-se em meio aos "outros peregrinos", esse bispo usou estrategicamente a condição social e jurídica de peregrino para alcançar seu propósito. Talvez, no lugar de "falsas" peregrinações, tenhamos de enquadrar essas viagens como peregrinações estratégicas ou peregrinações simuladas, já que, sem estar completamente associada à devoção voluntária e imediata,

---

338. Ibid., p. 316.
339. Ibid., p. 324.

elas foram usadas para propósitos considerados importantes do ponto de vista da política institucional e religiosa de autoridades eclesiásticas. Essas atitudes não eram consideradas menos devotas a Santiago do que as peregrinações penitenciais propriamente ditas[340].

Ao que tudo indica, simuladas ou não, "falsas" ou não, as peregrinações e a *persona* dos peregrinos gozavam de relativa credibilidade. Indubitavelmente, os caminhos peregrinatórios eram rotas de devoção motivadas muitas vezes pela *causa orationis* (a razão para orar), porém elas também eram utilizadas para outros tipos de deslocamentos. No Caminho de Santiago, o vaivém dos peregrinos procedentes de diversos lugares serviu ao Cônego Giraldo e ao bispo do Porto, Hugo, para que aproveitassem essa possibilidade e permanecerem relativa e pretensamente incógnitos pelos caminhos e rotas. No século XII, vestir-se, portanto, como peregrino significava gozar de uma relativa credibilidade de circulação. Ser ou parecer ser peregrino possibilitava possuir uma condição jurídica voltada para o movimento ou para o nomadismo permitido ocasionalmente.

Enfim, como aponta Roberto Plötz, quando os peregrinos organizavam e empreendiam a sua viagem, eles passavam à "*ordo sancta*", à "*ordo peregrinorum*" ou mesmo à "*ordo confratorum*", e por isso se tornavam potencialmente intocáveis e gozavam de uma certa imunidade jurídica imposta por legislações eclesiásticas e seculares[341]. A concha jacobeia outorgava segurança jurídica aos peregrinos e, por essa razão, parece

---

340. Ibid., p. 322-324.

341. PLÔTZ, R. El peregrino y su entorno: historia, infraestructura y espacio. *Ad Limina*, vol. 3, n. 3, 2012, p. 170.

que possuía significados que ultrapassavam os usos ordinários. Não serviam somente para beber água ou adornar as vestes. Provavelmente, variando conforme diversos critérios sociais e culturais, juntamente com outros itens importantes da indumentária dos peregrinos (*indumenta peregrinorum*), como a sacola e o bastão, a concha serviu de comprovação da viagem realizada ou, antes, de "passaporte" para a circulação de pessoas em diversos territórios[342]. Sem dúvida, isso é parte do complexo processo de transmutação da figura do peregrino como "estrangeiro" e "forasteiro" em peregrino como "religioso" e "devoto", sem que a ambiguidade semântica fosse totalmente resolvida em um ou outro caso. Não é casual que as autoridades se interessassem em normatizar a fabricação e comércio de conchas, visto que estava aí um dos aspectos fundamentais que distinguiria aquelas pessoas que gozariam ou não de proteção jurídica. Mesmo não especificando quais indumentárias carregavam, menos casual ainda era o uso estratégico das indumentárias dos peregrinos para determinadas autoridades enviarem seus mensageiros ou alcançarem seus propósitos por vias territoriais perigosas.

Pessoas em movimento: o controle institucional da "geografia" peregrinatória

As várias motivações individuais e/ou coletivas para peregrinar eram marcadamente associadas à dimensão religio-

---

342. PLÖTZ, R. *Indumenta peregrinorum* – L'équipement du pèlerin jusqu'au XIXe siècle: les traces du pèlerinage à Sâint-Jacques-de-Compostelle dans la culture européenne [Colloque organisé par le Centre Italien d'Études Compostellanes et par l'Université de la Tuscia, Viterbe en collaboration avec le Conseil de l'Europe Viterbe (Italie), 28 septembre-1er octobre 1989]. Estrasburgo: Conseil de l'Europe, 1992, p. 46-54 [Service de l'Édition et de la Documentation, n. 20].

sa, teológica e penitencial, mas essas poderiam se mesclar em maior ou menor grau a razões econômicas, políticas, militares, institucionais, jurídicas etc. Elas se relacionavam ao culto ou devoção às relíquias e lugares considerados sagrados, muitas vezes fundamentados em uma concepção escatológica de tempo. Deslocava-se para rezar (*causa orationis*), pedir ou agradecer pela cura de alguma enfermidade (infecundidade, mudez, paralisia etc.), por uma dádiva divina recebida, pela interrupção de intempéries sociais (fome) ou climáticas (chuva, seca, praga de gafanhotos). Sem se desconectar disso, o desejo de aventura para conhecer terras novas também não era incomum, embora não possamos aproximar anacronicamente tal motivação à lógica do turismo contemporâneo. Peregrinava-se não somente para satisfazer motivações pessoais e familiares, como também de uma comunidade, aldeia ou cidade. Caminhava-se por rotas conhecidas ou desconhecidas para cumprir uma punição e redimir-se de pecados individuais e coletivos, mas igualmente peregrinava-se para representar os pecados dos outros. É o caso das peregrinações por procuração ou testamentárias. Não faltavam motivações diferentes para impulsionar numerosas pessoas e grupos sociais às rotas e caminhos. Sejam em grupos grandes, pequenos ou individualmente, eram homens, mulheres, crianças, viajantes, "vagabundos", marginalizados, pobres, ricos, camponeses, mercadores, clérigos, nobres, reis, rainhas etc. que se deslocavam de diferentes partes da Europa, seguindo as vias mais ou menos estabelecidas ao longo do tempo.

O que chamamos de Caminho de Santiago (no singular) era uma variedade de rotas não propriamente fixadas que provinham de distintos lugares, cujo eixo terminava na Galícia. Santiago de Compostela não era um destino exclusivo para peregrinos e peregrinas, pois frequentemente havia itinerários que poderiam colocar esse local como etapa intermediária ou final. No entanto, pouco a pouco, com a proximidade geográfica e a relativa política de pacificação dos reinos cristãos do norte, ele se tornou um conjunto de vias, rotas ou caminhos acessíveis para populações dos dois lados dos Pireneus. Segundo Fernando López Alsina, havia basicamente cerca de sete "caminhos" que conduziam a Santiago: o primeiro era o que ligava Santiago a A Coruña, que fora chamado na baixa Idade Média de *Camiño de la Cruña* ou, em latim, da *Crunia*, cujo traçado acessavam por mar sobretudo peregrinos das ilhas britânicas; menos usado e com poucos vestígios de peregrinação, o segundo se dirigia até Bergantiños e ao porto marítimo de Malpica; o terceiro provinha do oeste, o *Camino de Finisterre*, assim nomeado no plano da cidade de Santiago do Arquivo Geral de Simancas, em 1595; o quarto provinha mais do sul, ligando Santiago às regiões de Porta Faxeira, Pontevedra, Iria, Padrón, Pontecesures e Tui, enlaçando-se com as rotas medievais no norte de Portugal; pouco marcado pela passagem de peregrinos, o quinto caminho partia da porta de Mámoa e se dirigia a oeste de Montescharo, passando pelo Rio Ulla até cruzar em Pontevea; o sexto partia da Porta de Mazarela em direção a Ourense, passando pelas terras de Montesacro e na Tierra de Deza, e a partir de Ourense se articulava com as vias portuguesas, com Zamora e a antiga Via de la Plata; a sétima e última via talvez seja por antonomásia o "Caminho": em gestação desde os séculos X e XI, trata-se do que se denominou na *Historia Compostelana* de "Caminho dos Franceses" ou "Caminho Francês" (*francigenum iter* ou *in francigeno itinere*)[343], já que passavam por ele principalmente os "francos" ou "franceses", isto é, todos os povos que provinham de diversas regiões do além Pireneus, não necessariamente os provenientes da França atual. Ligando algumas vias entre Logrõno e Santiago, essa era a rota que pouco a pouco, desde Afonso VI, passou a ser conhecida mais amplamente como parte das vias reais ou públicas. É claro que provavelmente havia outras vias que conduziam a Santiago de Compostela, mas é fundamental lembrar que o "Caminho Francês" ou a *via publica* era justamente aquela rota cuja intensidade e frequência peregrinatória tornava-se foco de preocupação regulatória das autoridades e instituições medievais[344].

Tanto o chamado Caminho Francês – que possuía um traçado mais ou menos estabelecido, durante os séculos XII e XIII – quanto os caminhos, rotas ou vias menos fixadas e dispersas, necessitavam de construção, manutenção e proteção, já que estavam repletos de limitações e perigos. Compostela tornou-se um destino relativamente acessível para uma constelação muito diversa de peregrinos europeus ou não. Por isso, o Caminho de Santiago pode ser considerado como um fator de unidade identitária sociorreligiosa, visto que se reconhecia no peregrino a síntese do cristão devoto, mas também ele era um elemento de síntese interna diante dos diversos discursos e experiências jurisdicionais[345].

---

343. FALQUE, E. *Historia compostelana.* Op. cit., p. 127 e 338.

344. LÓPEZ ALSINA, F. El Camino de Santiago: realidad histórica y tema historiográfico. In: IGLESIA DUARTE, J.I. (coord.). *IV Semana de Estudios Medievales* (Nájera, 02-06/08/1993), 1994, p. 96-100.

345. Para saber mais sobre o papel articulatório do Caminho de Santiago cf. GONZÁLEZ-VARAS IBÁÑEZ, A. La protección jurídico-canónica y secular de los peregrinos en la Edad Media... Op. cit., p. 503-542.

Para o período medieval, embora não haja propriamente um *Código dos peregrinos*, como queria José Ricardo Pardo Gato[346], dada a dispersão normativa e legislativa das regulamentações sobre o tema, não podemos deixar de reconhecer que os lugares de culto, as vias de acesso e as necessidades cotidianas de peregrinos e peregrinas mobilizaram um esforço constante de controle e regulação social empreendido por autoridades eclesiásticas e seculares. Como as autoridades senhoriais, reais e eclesiásticas lidavam normativamente com o movimento de pessoas que fugiam ao controle, ou que alteravam as dinâmicas de suas jurisdições? Em quais circunstâncias o nomadismo peregrinatório era visto com reserva, desconfiança e perigo, apesar de igualmente incentivado, promovido e desejado?

Nota-se que há motivações mais institucionais assumidas pelas autoridades eclesiásticas e seculares na organização territorial e controle da geografia das peregrinações. Os poderes monárquicos, eclesiásticos, senhoriais e citadinos, em harmonia ou em conflito entre si, dedicaram-se em ordenar diversas facetas das peregrinações. Os privilégios, as doações de bens de raiz ou imóveis, a fundação de mosteiros, bem como a busca de controle dos hospitais, albergues e hospedarias, faziam parte de estratégias importantes na promoção e controle da circulação de pessoas por reinos, episcopados, senhorios etc. Do ponto de vista jurídico, tais autoridades se preocupavam não somente com a capacidade de sustento material das instituições eclesiásticas, que recebiam uma

---

346. PARDO GATO, J.R. El Derecho castellano-leonés en la peregrinación jacobea... Op. cit., p. 205.

multidão de peregrinos e peregrinas mais ou menos anônimos, como também com a celeridade e seguridade das vias, rotas e caminhos direcionados à Galícia[347].

Nesse sentido, os privilégios, concessões de direitos e doações feitas pelas autoridades eclesiásticas ou seculares seguiam uma pauta que combinava a devoção com o esforço de prover das instituições eclesiásticas compostelanas de recursos materiais, especialmente devido a sua crescente importância no jogo da política eclesiástica no norte da península e também em função da centralidade que adquiria na proteção e recepção de peregrinos. Por exemplo, na *Historia compostelana*, os tombos A e B da Catedral de Santiago reúnem uma constelação de documentos voltados para esses fins, demonstrando o quanto as instituições eclesiásticas, monárquicas e senhoriais atuavam no provimento da Igreja compostelana.

Conhecemos as atividades provedoras e construtoras atribuídas aos bispos hispânicos e compostelanos para receber e proteger uma multidão de peregrinos e peregrinas. Apesar do papel destacado dos mosteiros e conventos masculinos e femininos ibéricos, os bispos hispânicos formaram um dos grupos mais preocupados com o serviço ao peregrino. Segundo Adeline Rucquoi, ao relativizar o peso excessivo dado a Cluny nesse tema, "Neste 'Caminho Francês' que começa a entrever-se por volta de 1080, Cluny possui dois mosteiros, em Nájera e em Carrión dos Condes. Porém, em nenhum dos documentos de doação se menciona o serviço aos pe-

---

347. BARREIRO RIVAS, J.L. *La función política de los caminos de peregrinación en la Europa medieval.* Op. cit., p. 73.

regrinos"[348]. Para a autora, "Em Leão, do cuidado dos peregrinos se encarregaram os bispos: em dezembro de 1084, o Bispo Pelayo fundou ante as portas da catedral um *domus ospitalitatis* [uma "casa de hospitalidade" ou um "hospital"], à qual seu sucessor, Pedro, fez uma série de doações entre 1092 e 1093"[349].

Nesse sentido, ao lado do esforço para angariar recursos materiais, para a construção de claustros, hospitais, fortificações etc., um exemplo claro desse tipo de atividade foi a preocupação de Diego Gelmírez com as edificações e provimentos de água. Segundo a *Historia compostelana*, tanto esse bispo quanto o seu tesoureiro, que também acumulava a dignidade de legado papal, chamado Bernardo, organizaram a construção de edificações que canalizassem a água para o abastecimento dos que seguiam para Santiago. Era uma forma de enaltecer propagandisticamente sua atividade construtora; mas a atitude fora interpretada como um ato de piedade e caridade do bispo, já que diversos peregrinos pobres padeciam da falta ou carestia de água, sendo obrigados a comprá-la dos albergadores; isso diminuía os recursos para sua alimentação:

> [...] Com frequência, a necessidade os obrigava a comprar água com os seus albergadores ou de outros a elevado preço, e o que restava para comprar comida, em parte, era gasto com água. Porém, os que não tinham dinheiro suficiente, com muita frequência sofriam uma

---

348. RUCQUOI, A.P. Cluny, el camino francésy la Reforma Gregoriana. *Medievalismo*, n. 20, 2010, p. 118.

349. Ibid., p. 118.

gravíssima penúria de água. Pois, tão grande multidão de peregrinos acorriam à Igreja de Santiago! Durante muito tempo pensou o bispo pôr remédio, porém era árduo, inclusive muito difícil. **Finalmente, graças a seus rogos e avisos, e seus mandatos e ponderações, Bernardo, tesoureiro da Igreja de Santiago, começou a construir um aqueduto** (grifos nossos)[350].

Muitas vezes, apesar dos conflitos constantes entre Igreja e monarquia, a atitude provedora e protetora dos peregrinos se dava por meio da associação entre autoridades episcopais e monárquicas. Segundo essa mesma *Historia compostelana*, depois de celebrado o Concílio de Carrión, em 1130, o bispo teria solicitado uma série de benefícios ao rei Dom Afonso VI, inclusive que fornecesse azeite para provimento da iluminação da Igreja de Santiago e promovesse em última instância a assistência aos peregrinos. Algo que deveria ocorrer por meio da concessão da jurisdição sobre as propriedades em Talavera, cidade próxima a Toledo, por intermédio de seus cônegos e intermediários.

> Pediu também ao mesmo rei que lhe desse para **a salvação e remédio da sua alma** uma propriedade em Talavera, cidade que está próxima a Toledo, onde pudesse **obter tanto azeite** que bastasse no inverno para iluminar a Igreja de Santiago. **Pois nesta época do ano poucos peregrinos visitam a basílica do Apóstolo de Santiago por temor da dificuldade do caminho e dos rigores de inverno, e a cera que oferecem não é suficiente para a iluminação da igreja.** E o rei, compreen-

---

350. FALQUE, E. *Historia compostelana*. Op. cit., p. 400.

dendo que suas petições eram justas e razoáveis, concedeu firmemente as citadas vilas segundo os desejos do compostelano [isto é, o bispo] e concedeu a herdade produtora de azeite na referida cidade, para que a Igreja de Santiago a possuísse para sempre. Então, o senhor compostelano pôs à disposição do rei dois cônegos, Pedro Estévez e Fernando Pérez, para que recebessem das mãos deste a propriedade prometida, e uma vez recebida a entregassem a algum homem daquela cidade, para que se tomasse cargo dela e a guardasse e fizesse transportar anualmente o azeite à Igreja de Santiago (grifos nossos)[351].

Como titulares das doações, reis, rainhas, infantes, condes, condessas, entre outros grupos aristocráticos hispânicos, também concediam permanente ou temporariamente à Igreja ou Catedral de Santiago, terras, vinhas, castelos, casas, mosteiros, igrejas, aldeias, vilas, rendas anuais em dinheiro, servos; também faziam doações de joias e objetos de valor, realizavam permutas, mandavam construir ou reformar vias e pontes. Mas não deixavam de confirmar concessões de direitos costumeiros ou escritos (*fueros*, cunhagem de moeda, *portazgo*) etc.

A documentação reunida nos tombos A e B da Catedral de Santiago de Compostela possui uma série de exemplos de concessões desse tipo. Ao que tudo indica, o histórico de doações à Igreja compostelana é detectável logo depois do descobrimento/invenção do túmulo jacobeu, na segunda metade do século IX, crescendo significativamente durante os séculos X e XI, justamente num período marcado pelas

---

351. Ibid., p. 515-516.

articulações entre Igreja e a monarquia astur-leosena, pelas disputas da Diocese de Santiago com Braga e Toledo, pelos valores da restauração visigótica e pelos conflitos político--militares contra os muçulmanos. É provável que isso fosse parte da ampliação e remodelamento da jurisdição senhorial do episcopado compostelano sobre terras e pessoas. Concentremo-nos nas concessões realizadas pelas casas reais ou aristocráticas, especialmente as feitas por homens e mulheres que aparecem juridicamente como doadores ou codoadores.

Por exemplo, no período de transição entre o Reino das Astúrias para o Reino de Leão, Ordoño II, rei da Galícia (910-914) e rei de Leão (914-924), em companhia de sua esposa, a Rainha Elvira Menéndez, doaram igrejas, mosteiros, servos, joias, vilas, permutaram vilas etc., confirmando inclusive concessões já feitas pelos seus predecessores. Em um diploma régio de 911, tanto Ordoño II quanto Elvira assinam a doação de terras, vilas[352], salinas, servos muçulmanos, objetos e joias de ouro e prata. No prólogo do diploma, aponta-se o seguinte:

> Em nome da santa e indivisível Trindade. Ao glorioso senhor, nosso Apóstolo Santiago, cujo corpo está sepultado na arca de mármore na província da Galícia. **Nós, seus servos, o Rei Ordoño e Rainha Elvira, nos esforçamos para conferir o nosso voto de amor a Cristo e em sua perpétua honra, [para que] sejam acumulados os prêmios futuros dados por Deus por isto a nós, [e] para que diante disso nos dispensemos das coisas terrenas** (grifos nossos)[353].

---

352. Tumbo A, p. 247-248.
353. Ibid., p. 77-79.

Em 934, um diploma régio assinado por Ramiro II, rei de Leão entre 931 e 951, juntamente com sua segunda esposa, Urraca, e outros parentes e autoridades eclesiásticas e seculares, confirmam as doações outorgadas à Igreja de Santiago e ainda concedem o *commissum* (comisso ou direitos fiscais) de Posmarcos entre os rios Ulla e o Tambre. Tratava-se de dar continuidade às concessões feitas por Ordoño II e Afonso IV. A concessão de direitos fiscais ao *sacrosancto altario* (ao altar sacrossanto) e em função da *beati Iacobi orationis causa* (para o culto de Santiago), também visava obter o apoio divino e promover a firmação do poder monárquico ao fortalecer materialmente a Igreja de Santiago[354].

Mais tarde, em 1024, Alfonso V, rei de Leão, oficialmente entre 999 e 1028, e sua segunda esposa, Dona Urraca Garcés, agregaram a Diocese de Tuy e outras igrejas, e também diversas ilhas, à jurisdição de Santiago de Compostela ou, como aponta a documentação, ao *loco sancto* (ao santo lugar) ou ao *sacrosancto altario*. Essas regiões tinham sido devastadas pelos normandos e, como demonstra o próprio diploma régio, tanto o rei e a rainha quanto seu filho herdeiro, o futuro Vermudo III, destacam-se como figuras restauradoras da honra e dignidade compostelanas: as doações eram vistas como uma atitude de *prona devotione* (inclinada devoção) a Deus e à intercessão do Apóstolo Santiago, *patrono nostro* (nosso patrono)[355].

Mais um exemplo. Seja como infanta e senhora da Galícia, ou já como rainha de Leão e Castela, entre 1109 e 1126,

---

354. Ibid., p. 111-112.
355. Ibid., p. 153-154.

Dona Urraca I reforçou as relações com o Bispo Diego de Gelmírez, seus clérigos e sucessores do bispado de Santiago por meio de concessões de direitos patrimoniais[356]. Em 1107, como infanta, Urraca doou à Igreja de Santiago e a seu bispo o Mosteiro de Santo André de Trobe e diversas outras propriedades e direitos sobre terras e pessoas. Em 1112, Dona Urraca, já como rainha, confirmou a mesma *cartam et testamentum* (carta e testamento) ao bispo, seus clérigos e à Igreja de Santiago. Essa doação foi feita depois da morte do seu primeiro esposo, o Conde Raimundo da Borgonha, em um momento em que a rainha buscava legitiminar o seu poder e a sucessão do seu filho, o futuro Afonso VII, contra Afonso I de Aragão. Tratava-se de um diploma feito em um contexto de conflitos entre navarro-aragoneses e castelhano-leoneses, de legitimação da sua regência e da sucessão de seu filho no trono de Leão e Castela. Até certo ponto, apesar da existência de conflitos entre Urraca e Gelmírez, esse texto pode ser interpretado como uma forma de consolidar as relações com as autoridades galegas que não viam com bons olhos a intervenção de um aragonês nas questões castelhanas ou leonesas.

> **Eu Urraca, rainha de toda as Espanhas, faço esta carta e testamento à Igreja de Santiago e ao bispo Dom Diego e aos cônegos na mesma Igreja** [...]. Eu, rainha Dona Urraca, doo e concedo a vós e à mencionada Igreja de Santiago tudo aquilo que tenho entre [os rios] Ulla e Tamar, com tudo o que tenho em Sobrado. Dessa forma, **doo e confirmo a vós, não só aquilo que foi dado a vós à morte do meu esposo**, o conde Dom Raimundo, **como também o que fora dado e confirmado quan-**

---

356. FALQUE, E. *Historia compostelana*. Op. cit., p. 258.

do meu filho, o rei Dom Afonso, foi eleito rei na vossa Igreja. Que tenhas a vós e vossos sucessores tudo isso que foi acima escrito para sempre (grifos nossos)[357].

Frequentente, numerosas autoridades seculares aproveitavam as próprias peregrinações a Santiago para formalizar outras doações de instituições, terras e propriedades diversas, mas também de direitos monetários, como o de cunhar moedas ou de receber determinados privilégios em dinheiro. Em 1193, Alfonso IX, rei de Leão (1188-1230), concedeu à Igreja de Santiago o direito de cunhagem de moedas de ouro. Durante o século XIII, sendo um monopólio cada vez mais reivindicado pelo poder monárquico, a cunhagem de moeda poderia ser eventualmente repassada a outras autoridades como privilégio. Aqui o bispado é entendido como súdito, pois a doação fora justificada pelos compromissos e apoios ao seu governo: "em prol da devoção que a mesma igreja tem a mim, reconheço, acrescento e concedo perpetuamente que seja lícito a vós e aos vossos sucessores para sempre fazer as moedas de ouro e fazer as próprias moedas em *maravedies*"[358]. Além de poder fabricar seu dinheiro, o mesmo rei, Afonso IX, em 1211, concedeu o direito de receber anualmente trezentos *maravedies* das rendas monárquicas da cidade de A Coruña para complementar as despesas dos refeitórios dos cônegos compostelanos. Segundo a documentação, o rei, "vindo para Santiago em razão da peregrinação" (*veniens ad Sanctum Iacobum causa peregrinationis*), aproveitou a ocasião para fazer tal doação. Esta é justificada

---

357. Tumbo A, p. 178.
358. Tumbo B, p. 88.

seguindo a tradição diplomática leonesa: "Assim, isto faço em prol da cura da minha alma e de todos os meus pais e avós, para que os bens e orações que, na mencionada Igreja de Deus e de seu apóstolo, sejam exibidos perpetuamente a parte por vontade merecida"[359].

Baseando-se no senso de continuidade jurídica das concessões materiais, esse privilégio foi confirmado posteriormente em diversas ocasiões. Uma delas ocorreu quando as filhas de Afonso IX, as infantas Dona Sancha e Dona Dulce, legitimaram tal concessão, quando estavam à testa momentaneamente da monarquia, já que o direito leonês admitia não somente a regência como também o governo assumido pelas figuras femininas herdeiras do trono na ausência de um varão. Tratava-se de uma estratégia do governo de Afonso IX ante às pretensões castelhanas ao trono: "Em nome de Deus, faça-se notar a todos os presentes e futuros esta página examinada que nós, as infantas, Dona Sancha e Dona Dulce, concedemos e confirmamos ao cabildo de Santiago aqueles 300 *maravedies* que Dom Afonso, o ilustríssimo rei de Leão, nosso pai, conferiu ao mesmo cabildo anualmente cada uma das possessões de A Coruña [...]"[360]. Mais tarde, em outra ocasião, em 1232, quando o reino de Castela já havia sido unido ao de Leão, Fernando III (rei de Castela, de 1217 a 1252, e de Leão, entre 1230 e 1252), juntamente com sua esposa, a Rainha Beatriz e seus filhos infantes, confirmaram uma vez mais esse privilégio: "E eu, nomeado rei, Fernando, unido com minha esposa, a Rainha Beatriz, e com meus fi-

---

359. Ibid., 353.
360. Ibid., p. 350.

lhos Afonso, Frederino, Fernando, Henrique e Felipe, aprovo, corroboro e confirmo o sobredito privilégio, mandando e firmemente estatuindo que seja observado irrevocável e perpetualmente. E que esta minha confirmação seja página ratificada e estável para todo o sempre"[361].

Para além das doações, a segurança e a celeridade dos caminhos peregrinatórios tiveram na legislação monárquica um foco importante no desdobramento jurídico dos privilégios concedidos aos peregrinos. Ser peregrino significava possuir a proteção da integridade física da sua pessoa, dos seus bens, dos seus familiares, gozando de amplas liberdades e imunidades jurídicas para circular. Uma dessas liberdades relacionava-se ao chamado *portazgo*. Era um tributo cobrado pelas cidades, senhorios ou reinos para transitar pelas terras sob suas jurisdições. Do ponto de vista do direito medieval, a isenção significava gozar de ampla liberdade de circulação concedida por essas autoridades constituídas. Em 1072, em um diploma régio da Catedral de Leão, Afonso VI, figurando somente como rei de Leão (1072-1109), juntamente com sua irmã Dona Urraca e seu filho Fernando, suprime o direito de *portazgo* que os transeuntes pagavam no porto de Valcarce, situada entre os rios Burbin e Valbona, na entrada para a Galícia. O texto possui uma clara preocupação com os transeuntes, os negociadores e os peregrinos que provinham de fora do reino, sobretudo de outras partes da Espanha, Itália, França e Alemanha. Para o documento, a concessão justificava-se não só "para a salvação da nossa alma e para que os outros povos, não somente os da Espa-

---

361. Ibid., p. 357.

nha, mas também os da Itália, França e Alemanha, se beneficiassem da tranquilidade", sem que seu itinerário fosse interrompido ou prejudicado[362]. Mesmo sendo de outros reinos e senhorios, esse *deambulatio* (esse movimento de pessoas) era, em última instância, considerado responsabilidade jurisdicional e territorial do rei e da monarquia.

As próprias leis de concessões à Igreja de Santiago, como também as dedicadas à proteção dos caminhos de peregrinação e aos peregrinos, foram temas de preocupação de outras autoridades monárquicas hispânicas. Um decreto de Afonso IX (1188-1230) manda a todos os seus vassalos, que possuíam terras no "Caminho Francês, de Marselha até Santiago", observar os decretos dados sobre a circulação dos peregrinos pelas vias até Compostela. Mais uma vez, tratava-se de um esforço dos reis hispânicos em constituir as vias públicas e pacificar as rotas de peregrinação jacobeia.

> Afonso, rei de Leão, **a todos os vassalos que possuem terras no Caminho Francês, de Marselha até Santiago**, saúde. Saibam que **eu fiz o decreto e a constituição de como deveriam viver e serem tratados os peregrinos, que vêm a Santiago através do meu reino**. E mando firmemente a vós que aquele decreto e aquela instituição que eu desde então fiz e marquei com meu selo, observais, e observando fazeis por todas as vossas terras. [E] que se não fazeis, que perdais minha graça e amor (grifos nossos)[363].

Um escopo mais amplo de constituição e pacificação jurisdicional das vias públicas de peregrinação foi empreendido por Afonso X (1252-1284). No já citado diploma régio de

---

362. VALIÑA SAMPEDRO, E. Apêndice. In: *El Camino de Santiago...* Op. cit., p. 229.

363. Tumbo B, p. 210.

6 de novembro de 1254, esse rei ordenou que os peregrinos que se dirigiam a Santiago e os seus familiares gozassem de ampla liberdade para transitar e se deterem onde desejassem, por todo o reino e províncias, sendo protegidos de todo tipo de moléstias e injúrias, coações, violências nas hospedarias ou albergues, mas também nas situações em que eram prejudicados pela adulteração de pesos e medidas, exigindo, desta forma, que estas fossem justas e devidas. Como o texto foi escrito em latim, em um momento de utilização do castelhano para matérias de governo, é possível considerar que o governo de Afonso X pretendesse que suas normas fossem reconhecidas para além dos seus reinos ou representantes diretos[364].

Os perigos enfrentados nas jornadas, como o roubo e a morte, tornavam importante a reiterada preocupação com o destino dos bens dos que estavam em trânsito. Essa preocupação foi motivo de regulação por parte do poder real. Uma seção considerável desse diploma régio de 1254 assemelha-se ao que fora estabelecido em castelhano em duas outras leis reunidas na Primeira Partida. Na Lei II, Título XXIV, a atitude legislativa afonsina de proteção física e material dos peregrinos foi sistematizada de forma prescritiva e repleta de recomendações. Para a lei, eles deveriam ir acompanhados, ser protegidos e honrados, receber hospitalidade, porque "é direito que os homens que saem de sua terra de boa vontade, para servir a Deus, que os outros os recebam na sua, e se evitem fazer-lhes o mal, nem violência, nem desonra". Reconhecendo a jurisdição local, sem deixar de englobá-la e ordená-la, assim complementa a legislação:

---

364. Ibid., p. 151.

E, portanto, temos por bem, e mandamos, que **os romeiros e peregrinos que veem a Santiago, que eles e seus companheiros, e suas coisas, [possam] ir e vir salvos e seguros por todos nossos reinos**. Outrossim, mandamos que também nas albergarias, como fora [delas], **possam comprar as coisas que necessitam e que ninguém seja ousado de lhes alterar as medidas, nem os pesos corretos**, porque os outros da terra vendem e compram; e o que fizer, que haja pena por isso, segundo o *albedrio* do juiz, diante de quem deve vir o pleito (grifos nossos)[365].

No mesmo título, a Lei III retoma de forma mais sistemática um conjunto de regulamentação para a proteção do peregrino. Neste caso, temos outros detalhes sobre o que e quem gozava juridicamente de proteção no período de ausência dos peregrinos em suas terras e durante sua caminhada. Diferente da Lei II, mais preocupada com a *persona* do peregrino, a Lei III prevê a proteção material dos mesmos. Nesse caso, as terras, os animais e os objetos "que trazem consigo em razão do caminho" são salvaguardados. Conforme o caso, os bens móveis ou de raiz não deveriam ser violados, invadidos, roubados ou tolhidos. Por um lado, para o caso de terras indevidamente desapropriadas, reconhece-se o direito de parentes, amigos, vizinhos, servos e lavradores livres, sob a dependência dos peregrinos, para que pudessem "demandar e cobrar em juízo a tenência que lhes subtraíram, mesmo que não haja carta de procuração dos romeiros". Por outro lado, não se poderia ganhar uma *carta* de privilégio do rei ou do alcaide para retirar as suas posses e terras "en-

---

365. Primeira partida, Título XXIV, Lei II, p. 714-715.

quanto estivessem em romaria", e ainda estariam isentos do pagamento de *portazgo*, rendas, peagens e quaisquer outros direitos[366].

Em 29 de novembro de 1254, em outro diploma régio, igualmente escrito em castelhano, como as partidas, e, por isso mesmo, provavelmente preocupado com os representantes do monarca em cada parte do reino, intimou-se os conselhos das cidades, os juízes, os meirinhos e os outros representantes reais do Caminho de Santiago a cumprirem o conteúdo da carta de proteção dos peregrinos; porém, ele acabou ampliando-o no sentido de permitir aos peregrinos a fazerem testamentos ao longo da sua caminhada. Do ponto de vista jurídico, a inquietação maior não era somente com a garantia de direitos de fazer testamentos em itinerários perigosos que poderiam dar fim à vida dos peregrinos atentos com o destino dos seus bens. Além de considerar as igrejas de Burgos, Leão e Santiago como portadoras da memória escrita da diplomática monárquico-eclesiástica, o propósito era garantir que a hierarquia de autoridades ajudasse a cumprir a difusão e execução da regulamentação régia, mas também a autenticidade das cópias dos diplomas feitas pelo rei.

> Dom Afonso, pela graça de Deus, rei de Castela, de Toledo, de Leão, da Galícia, de Sevilha, de Córdoba, de Múrcia e de Jaén, **a todos os conselhos e a todos os juízes e a todos os alcaides e a todos os meirinhos e a todos aqueles que estão em meu lugar [e] que estão no caminho de Santiago em todo o meu reino também em Castela como Leão**, saúde e graça. Saibam que eu fiz **meu estabelecimento em razão dos peregrinos de**

---

366. Ibid., Lei III, p. 715.

**como podem fazer seus testamentos quanto deseja-
rem**. E isto mandei fazer três cartas seladas com selo de
chumbo, a primeira que fique na Igreja de Burgos e a
outro na Igreja de Leão e a outra na Igreja de Santiago.
Assim, **vos mando que o façais saber cada um de vós
em vossos lugares e que o façais em tudo guardar e ter
assim como as minhas cartas seladas dizem**, e defen-
do firmemente que ninguém seja ousado de embargar
nem contrariar nem passar nenhuma coisa para além
do que dizem minhas cartas seladas, porque ao que o
fizer ao corpo e a quanto tiver me tornaria por isso (grifos nossos)[367].

Como diria a historiadora francesa Adeline Rucquoi, os
reis hispânicos tiveram um papel importante no desenvolvimento da peregrinação a Santiago. Para a autora, isso significa relativizar o peso excessivo dado pela historiografia às
chamadas reformas gregoriana e cluniacense no processo
de construção dos caminhos peregrinatórios no norte da
Península Ibérica[368]. Seja como for, além dos reis é preciso
acrescentar outros sujeitos históricos. Além das autoridades
eclesiásticas, em especial as episcopais, implicadas na manutenção e ampliação de suas dioceses, os reis e rainhas, com
seus familiares masculinos e femininos, procuravam subsi-
diar as peregrinações em diversas dimensões. Os privilégios,
concessões de direitos e doações de bens móveis e de raiz
pretendiam prover de recursos materiais e humanos para
fortalecer e enaltecer a Igreja ou Catedral de Santiago. Boa
parte dos documentos decorria de decisões juridicamente

---

367. Tumbo B, p. 306-307.
368. RUCQUOI, A.P. *Cluny, el camino francésy la Reforma Gregoriana*. Op. cit., p. 103.

consentidas por uma autoridade apoiada por familiares e outras coletividades.

Curiosamente, as mulheres também foram mencionadas nesses textos jurídicos, especialmente como herdeiras, confirmadoras e consentidoras dos atos jurídicos. Se atentarmos para o conteúdo da maior parte dos documentos investigados, vemos que eles são legitimados com o consenso jurídico de filhos, filhas, esposas, irmãos, irmãs, "homens bons", eclesiásticos etc., sendo que raramente legitimam-se as concessões de forma isoladamente personalista e desconectada de uma aspiração religiosa. Não é casual que, articulado com interesses econômicos, político-institucionais e jurídicos, os privilégios, concessões e doações eram justificados igualmente pela motivação devocional como meios para se alcançar a remissão dos pecados pessoais, familiares ou coletivos, como *pro remedio anime* (para o bem da alma) ou *remedio animarum* (para o bem das almas), algo que vai além das meras fórmulas jurídicas e protocolares reproduzidas involuntariamente. São marcas de valores e atitudes cristãs que legitimavam atos jurídicos.

Das punições no caminho

Os peregrinos e peregrinas enfrentavam todo tipo de perigos, que limitavam ou impediam as viagens. Muitos desses perigos eram compreendidos como parte da cosmologia penitencial pela busca de perdão e salvação. Os rigores do inverno, as longas distâncias, os acidentes geográficos, mas também o comportamento jurisdicional de determinadas casas nobres e oligárquicas, a presença de conflitos entre os reinos ibéricos, as incursões normandas e muçulmanas etc. eram dificuldades recorrentemente apontadas pela documentação dos séculos iniciais de desenvolvimento do caminho jacobeu. Mas nem todos esses elementos eram vistos como parte das dificuldades inerentes aos caminhos da penitência. Os riscos de assalto, furto, captura, fraude e morte eram uma constante e figuravam no imaginário de quem vivia a experiência de peregrinar para lugares longínquos e por vezes desconhecidos. Havia igualmente perigos mais hodiernos, pois frequentemente desconheciam a geografia, as línguas, os hábitos e os costumes locais, e não era incomum que fossem lesados nas estradas, albergarias e nas trocas comerciais. Sem dúvida, os peregrinos gozavam de certa credibilidade e de uma aura de relativa sacralidade; porém, não era infrequente que essa face fosse ignorada e substituída por outros discursos e práticas.

Por isso, diversas autoridades eclesiásticas e seculares prescreveram punições às transgressões cometidas pelos peregrinos ou contra eles. Os textos normativos eram sensíveis às diferenças entre os tipos de peregrinação. A Primeira Partida, Título XXIV, Lei I, assim expõe uma tipologia tripartite baseada em níveis de motivações e razões internas ou externas à *persona*:

> E os tipos de romeiros e peregrinos são três. [...] A primeira é quando, por **sua própria vontade e sem obrigação**, vão em peregrinação a algum destes santos lugares. A segunda é quando **a faz por voto e por promessa** que fez a Deus. A terceira é quando alguém **é obrigado a fazê-la por penitência** que lhe deram, que há de cumprir (grifos nossos)[369].

---

369. Primeira partida, Título XXIV, Lei I, p. 714.

Portanto, ao lado da peregrinação voluntária, "espontânea" ou devocional (primeiro e segundo tipos), normalmente destinada a resolver um problema considerado grave ou uma enfermidade, havia aquela que possuía um caráter simultaneamente punitivo e penitencial (terceiro tipo). As peregrinações forçadas eram aquelas estabelecidas por penitência imposta por designação canônica ou secular, e, como apontou Vázquez de Parga, "quando se admitiu o princípio da substituição, houve peregrinos a soldo e peregrinos por procuração testamentária"[370]. Numa sociedade em que o mais importante era a expiação do ato pecaminoso, a peregrinação forçada poderia ser feita por meio de pagamento ou por alguém escolhido por testamento. No período medieval, as semelhanças e diferenças entre pecado e delito eram complexas e não seguiam a lógica contemporânea que conhecemos. Não se pode facilmente associar o pecado às violações, faltas, erros ou desobediências a preceitos e práticas teológico-religiosas, nem tampouco os delitos e crimes a transgressões imputáveis pelas leis civis e penais por dolo ou culpa. Pelo menos para o período medieval, sequer era fácil estabelecer uma relação absoluta e direta entre a jurisdição sobre o pecado ao foro da Igreja, religioso ou eclesiástico, e, muito menos, o delito ao foro "civil" e secular. Dependendo do contexto e da tradição, as autoridades e jurisdições estabeleciam aproximações e compromissos, como diria expressamente Elias Valiña Sampedro, mas também poderiam entrar em conflito e afastamentos mútuos[371].

---

370. PARGA; LACARRA & RÍU. *Las peregrinaciones...* Op. cit., p. 155-167.
371. VALIÑA SAMPEDRO, E. *El Camino de Santiago...* Op. cit., p. 3-80.

Comparável a um desterro ou exílio momentâneo até que a penitência e o perdão alcançassem seu fim, a peregrinação era resultado de pecados-delitos cometidos em diversos atos sociais, possuindo um caráter mais ou menos solene. Quando não eram comutadas por penas canônicas ou seculares mais graves ou leves, já que sua aplicação dependia do grupo social e das circunstâncias das transgressões, a peregrinação a Santiago de Compostela era imposta ou recomendada para os casos de simonia, nicolaísmo, adultério, fornicação, lesão corporal, injúria, homicídio, roubo, raptos, incêndios, infâmias, malefícios, blasfêmia, sacrilégio, mau exercício de um ofício, atos de indelicadeza etc.[372]

Por vezes, as penitências forçadas ou expiatórias eram diretamente relacionadas à própria defesa das leis canônicas. O Concílio de Compostela, realizado em 1124, que incluía uma cláusula de proteção dos peregrinos, previa a punição para quem violasse seus decretos e, para os que os defendiam com a vida, estabelecia o perdão dos pecados correspondentes à peregrinação a Jerusalém. Para os que não obedeciam e violassem as leis canônicas e desobedeciam o bispo, perderiam seus bens. Como diz a fonte, "E aquele que intentar violá-la, saia contra ele o bispo com toda sua diocese para destruí-lo e aos seus bens, até que dê satisfação e o senhor, a cujo serviço esteja, subtraia-lhe seu préstimo, e que ninguém daqui em diante se atreva a acolhê-lo até que dê justa e canônica satisfação pela violação da paz". Para os seus defensores, a não ser que estivessem excomungados, ao proteger as leis episcopais, ganhariam a indulgência penitencial como se ti-

---

372. Ibid., p. 81–89.

vessem ido em peregrinação a Jerusalém. "Porém, se alguém dos que saíram contra ele for morto em cumprimento dessa ordem, que seja absolvido de todos os seus pecados, dos que tivera recebido e receber penitência, como se tivesse sido morto em peregrinação a Jerusalém, a menos que tenha sido excomungado"[373].

Ao lado da proteção das leis canônicas, a atividade provedora dos bispos era considerada tão importante que, ocasionalmente, comutavam-se as penas de peregrinação pela manutenção material da Igreja. Quando o mesmo tesoureiro Bernardo "decidiu ir a Jerusalém por amor a Deus e para remissão de seus pecados", o Bispo Diego Gelmirez e seus cônegos procuraram dissuadi-lo desse intento, substituindo tal peregrinação penitencial "por procuração", pela doação de um cálice de ouro que havia sido adquirido pelo Rei Alfonso VI do bispo de Toledo. As distâncias e gastos não foram os únicos argumentos; pois, segundo a documentação, a comutação da penitência deveria ocorrer por honra e serviço de Deus e do Apóstolo Santiago. É claro que havia o esforço de legitimar a comutação para que a doação não fosse esvaziada de seu conteúdo religioso. A fonte assim coloca na boca do bispo o seguinte discurso admoestativo:

> Aconselho-lhe, pois, **que o que havia de entregar por sua própria mão ao Santo Sepulcro e aos sagrados lugares que estão próximos de Jerusalém, tudo aqui que enviaria ali por meios de fiéis mensageiros e o gasto que teria para fazê-lo no caminho, [deveria] comprar algum ornamento digno e precioso para a honra e serviço de Deus e de Santiago** e, uma vez comprado,

---

373. FALQUE, E. *Historia compostelana*. Op. cit., 443-444.

depositaria no tesouro da mesma igreja com a condição de que por nenhum motivo se tiraria dali nem se venderia nem se daria como presente (grifos nossos).

E segue ainda o desfecho da absolvição:

> **Feito isso, o absolveu em sessão plenária do cabildo de todos os seus pecados, como costumam ser absolvidos os que se sacrificam com a viagem a Jerusalém, e lhe encomendou, para remissão de seus pecados, tratar, dispor e levar adiante toda a obra da Igreja de Santiago** (grifos nossos)[374].

Mas o que mais nos interessa aqui é a punição às transgressões recaídas sobre pessoas que prejudicavam os peregrinos. Elas poderiam ir desde as penas canônicas como a excomunhão, suspensão do ofício e interdição dos ofícios eclesiásticos, passar pelo desterro, prisão e penas corporais, até chegar às penas pecuniárias. Poderiam ser aplicadas separadamente, mas não era incomum serem previstas em conjunto para a mesma transgressão. Citemos alguns exemplos dispersos e propostos por autoridades eclesiásticas e seculares em suas legislações, sobretudo as punições comumente associadas a quem se movimentava pelos caminhos e albergarias castelhano-leonesas. As punições visavam debelar os roubos, furtos, fraudes e demais violências infringidas à pessoa do peregrino.

No âmbito do Direito Canônico, as cartas papais e os decretos conciliares ecumênicos são prolíficos nesse sentido. Direcionada para os bispos da Gália, Aquitânia e Vasconia, isto é, regiões também direta ou indiretamente ligadas aos

---

374. Ibid., p. 505-506.

caminhos jacobeus, o Papa Nicolau II (1058-1061) legislou sobre as peregrinações, prevendo punições para aqueles que roubassem ou infligissem danos aos peregrinos. Ao lado da preocupação com o combate à simonia e a busca pela limitação das intervenções da nobreza romana e do imperador na Igreja de Roma, esse papa impunha a excomunhão desses transgressores: "Então, aqueles que prejudicarem os peregrinos, religiosos, assim como os santos, clérigos, monges, e mulheres, ou roubarem os pobres e indefesos, ou expoliá-los dos seus bens, ou mesmo infligi-los algum mal, que sejam anatematizados, até que sejam perdoados"[375].

Como vimos anteriormente, os três concílios ecumênicos de Latrão (1123, 1139 e 1179), presididos respectivamente pelos papas Calisto II, Inocêncio II e Alexandre III, admoestaram ou previram punições canônicas para aqueles que molestavam, roubavam ou impedissem a circulação dos peregrinos. A excomunhão era a pena mais comum aos que interrompiam a celeridade e seguridade dos peregrinos e outros grupos sociais[376]. No âmbito da Península Ibérica, quando não somente estabeleciam prescrições sem o lastro propriamente punitivo, os concílios locais igualmente previam a excomunhão como sanção canônica. É o caso do Concílio de Lérida, 1173: "e aos peregrinos [...] que tenham a todo tempo segurança. E aquele que infringe isso, enquanto não for perdoado, seja anatematizado". Além disso, a mesma punição era prevista para a fabricação e falsificação de insígnias

---

375. *Acta conciliorum*, tomo VI, parte II, p. 1.058. Cf. VALIÑA SAMPEDRO, E. *El Camino de Santiago...* Op. cit., p. 44.

376. Latrão I, cânone 14, p. 227. • Latrão II, cânone 11, p. 242. • Latrão III, cânone 22, p. 277.

jacobeias, em especial as conchas. Direcionada aos bispos da Espanha e à Gasconha, a decretal de Inocêncio III (1207) prescreve a pena de excomunhão (*excommunicationis poena*) para os casos de *adulterina insígnia beati Iacobi*[377].

Apesar do Direito Canônico medieval prescrever distintos tipos de excomunhão, o importante aqui é destacar que esse tipo de sanção estabelecia em termos ideais a perda de determinados direitos e de um conjunto de relacionamentos e comunicações sociais na comunidade cristã. Do ponto de vista jurídico-canônico, os excomungados ou anatematizados eram aqueles que estavam excluídos da convivência social, não podendo, por exemplo, agir como testemunhas, ministrar ou receber os sacramentos ou, conforme o caso, manter quaisquer relacionamentos com os mesmos. Ainda é um aspecto a ser investigado saber até que ponto essas sanções eram aplicadas, adaptadas ou resistidas para o caso dos algozes dos peregrinos.

Ao lado das admoestações e dos anátemas, as penas pecuniárias não eram extraordinárias, mas prescritas juridicamente não somente para compensar o dano à pessoa prejudicada, mas, acima de tudo, reparar ou desagravar a ofensa cometida às autoridades jurisdicionais. Se a excomunhão fosse uma pena correspondente a uma ofensa à comunidade cristã, à ordem divina e às autoridades constituídas, as sanções monetárias cumpriam um papel compensatório e complementariam o anátema. Por exemplo, entre os 28 decretos outorgados pelo bispo compostelano Diego Gelmírez para o seu senhorio eclesiástico, reservou-se um deles para proteger

---

377. *Patrologia Latina*. Liber decimus quintus, vol. 216, decretal LXXVIII, col. 1.176A.

mercadores, romeiros e peregrinos, prevendo simultaneamente a excomunhão e o pagamento em dinheiro: "Não se embargarão os mercadores, romeiros e peregrinos, e aquele que de outra maneira atuar, pague o dobro do que tenha tomado, seja excomungado e pague sessenta soldos ao senhor daquele senhorio"[378]. Prescrição semelhante foi estabelecida em um dos decretos conciliares presididos por esse mesmo bispo: "Não se tomará fiança aos mercadores que vão em romaria nem aos peregrinos; e aquele que o fizer pagará o dobro e será excomungado, pagando, ademais, sessenta soldos para o senhor daquela honra"[379].

Os *fueros* reais e locais também se preocupavam com os danos causados aos peregrinos. O *Fuero General de Navarra* é um exemplo disso. Há diversas versões elaboradas durante o século XIII, e, segundo José María Lacarra, tratava-se de uma compilação de "jurisprudência, notas, apontamentos de alguns julgamentos da corte régia ou *Cort*, mas também artigos de *fueros* e algumas disposições reais facilmente identificáveis", ou mesmo de "compilações privadas de um direito vigente, aplicado em boa parte desde tempos muito anteriores ao século XIII"[380]. Entre suas diversas disposições, essa compilação procurava punir aqueles que prejudicavam os caminhos e pessoas que circulavam no Caminho Francês, o "caminho que é chamado do rei", distribuindo os procedimentos e responsabilidades judiciais às autoridades locais e prevendo especialmente penas de prisão e penas pecuniárias

---

378. FALQUE, E. *Historia compostelana*. Op. cit., p. 229.

379. TEJADA Y RAMIRO, D.J. *Colección de cânones...* Op. cit., p. 238.

380. LACARRA, J.M. En torno a la formación del Fuero General de Navarra. *Anuario de Historia del Derecho Español*, n. 51, 1980, p. 108-110.

como ressarcimento do dano. Era evidente o intento de englobamento da justiça local pela justiça monárquica navarra. Privilegiava-se a excepcionalidade das rotas peregrinatórias sob o poder jurisdicional do rei:

> Agora **vos contaremos sobre o Caminho Francês.** Se vai por cidade realenga ou por vila encartada, e se passar por onde quiser, todos os direitos sejam do rei (artigo 113, p. 827).

> Que **nenhum caminho, que seja chamado do rei**, não seja fechado enquanto passe o alcaide, se um terceiro a cavalo o fizer, então, que não se toquem as estribeiras. Aquele que o fechar ou romper, **pague LX [soldos]** de *calonia*, que assim é o *fuero* (artigo 52, p. 811).

> Se algum homem roubar um mercador, que dê *portazgo* ao rei, ou a romeiro, **os outros ladrões devem pagar o cabedal e a *amigadura* (ressarcimento do dano) ou as *novenas*;** ou senão [deve] **render-se a ele com firmas,** que nenhum homem não demande seu corpo assim que não pague o que está sobredito; mesmo que possam apregoar que têm mercê nele (artigo 114, p. 827).

> Porém **se o roubo a mercador e romeiro for feito no Caminho Francês,** [que seja implementada] a *bataylla* [a demanda do conflito] com seu juramento; se cair na *bataylla* contra tudo, deve-se encaminhar ao rei com firmas, porque nenhum homem é conhecedor [e], se tiver fiança, o rei fará justiça (artigo 114, p. 827).

> E **se o Caminho Francês for quebrado à noite ou pela manhã,** já que nenhum homem é conhecedor, **vá para aquele lugar onde ocorreu o roubo [com] o alcaide do**

rei [e] outros companheiros e denunciem o roubo; se encontrarem os homens, encaminhem os mesmos ao rei e que seja feita a justiça do rei (artigo 114, p. 827)[381].

Redatado entre 1248 e 1252, quando Afonso X ainda era um infante, o *Libro de fueros de Castilla* reúne algumas *fazañas* diretamente ligadas à proteção dos peregrinos. Tratava-se de alguns pronunciamentos ou sentenças dos juízes locais, por vezes aplicados ou reconhecidos pelos monarcas, e que se baseavam nos usos consuetudinários do direito territorial castelhano. Entre os seus 307 capítulos, há uma *fazaña* sobre um tal de André, filho de Arnaldo o Jogador, que teria roubado um peregrino. As punições seculares ou canônicas foram diversas e levaram igualmente em conta a hierarquia de responsabilidades, as circunstâncias do delito e a desigualdade do *status* sociojurídico das transgressões e dos transgressores. Para pessoas consideradas desiguais, foram previstas penas desiguais. Para o filho do jogador, executor do delito, estabeleceu-se a prisão e enforcamento; para o clérigo, o mandante do crime, a devolução do dinheiro, a peregrinação expiatória (com conotação de exílio penitencial para fora da cidade) e a perda do benefício e ofício eclesiásticos, mas também a possibilidade de perdão e o retorno para a vida comunitária.

> Esta é por *fazaña:* que André, o filho de Arnaldo o Jogador, **que furtou umas sacolas com dinheiro de romeiro e foi preso**, e disse que pegou o dinheiro a mando do abade Dom Estevão de San Pedro; e o abade mentiu em

---

381. Grifos nossos. Artigos 52, 113 e 114. In: MARTÍN DUQUE, Á.J. Fuero General de Navarro, una redacción arcaica. *Anuario de Historia del Derecho Español*, n. 56, 1986, p. 781-862.

San Pedro e **teve que dar o dinheiro do romeiro**; e **enforcaram André por isso**, e por causa de ter cometido mau testemunho; e os alcaides julgaram que [ele fosse] enforcado, e enforcaram-lhe. E o bispo Dom Maucício **retirou do clérigo seu ofício e benefício** e teve que **ir duas vezes a Roma** antes que confessasse, e depois que confessou [deveria ficar por] mais **quatro anos fora da cidade**, e depois o bispo o perdoou por rogo dos homens bons; e depois que confessou retornou à vila (grifos nossos)[382].

Em outra *fazaña*, incluída no mesmo *Libro*, o caso também girou em torno dos furtos ocorridos contra os peregrinos; desta vez, no âmbito de uma albergaria. O caso jurisprudencial teria ocorrido com os taberneiros Gil Buhón e sua mulher, Dona Florência, que teriam sido acusados de furtarem o dinheiro de romeiros que pernoitaram na pousada, ameaçando o homem com enforcamento e a mulher com morte na fogueira[383]. Para escapar dessa espécie de justiça "privada" (como diz o texto, para que não fosse *justiçada*), a mulher teria dito que furtara o dinheiro. Depois disso, talvez, ao apelar para o rei, a mulher foi julgada e os romeiros não sofreram nenhuma pena.

Isto é por *fazaña*: que na casa de Gil Buhon e de Dona Florência, sua mulher, albergaram uns romeiros à noi-

---

382. Título 274. In: SANCHEZ, G. *Libro de fueros de Castilla*. Barcelona: Universidad de Barcelona/Faculdad de Derecho, 1924, p. 149.

383. É um tema bastante pertinente saber se, como e por que havia diferentes proposições punitivas para homens e mulheres, levando em conta as práticas e discursos baseados em diretrizes de gênero dos sujeitos jurídicos implicados. Sobre o assunto, cf. a perspectiva cética em relação às diferenças de gênero no campo do direito penal medieval. Cf. tb. BAZÁN DÍAZ, I. La violencia legal del sistema penal medieval ejercida contra las mujeres. *Clio & Crimen*, n. 5, 2008, p. 203-227.

te. E no outro dia pela manhã, antes que partissem da casa, **os romeiros se calçaram e reclamaram que seu dinheiro tinha sido furtado.** E prenderam Dom Gil e sua mulher, e **ameaçaram enforcar** Dom Gil e **queimar sua mulher.** Por medo dessas penas que lhes ameaçavam, disse a mulher de Dom Gil que ela tinha pegado o dinheiro daqueles romeiros e que o devolveria, para que não lhes impusesse nenhuma punição quando os disse antes que o dissesse. E depois disso ela falou que não havia furtado, mas que, aconselhada por outras mulheres, dissesse que teria feito isso para que não fosse julgada. E **julgou o rei que [a mulher] deveria ser julgada, porque considerou que ela os tinha furtado, não lhes estabelecendo nenhuma pena** (grifos nossos)[384].

Essa mesma albergaria foi tema de outro julgamento. Desta vez, a *fazaña* se refere a um peregrino alemão e à jurisdição local do alcaide. Segundo o texto, o romeiro teria se albergado por cinco dias, guardando com a mulher de Gil Buhon uma quantidade de dinheiro. Mesmo acreditando em um primeiro momento que não teria sido furtado pela mulher, logo depois o peregrino foi reclamar com o alcaide. Dada a relativa credibilidade jurídico-penitencial atribuída ao peregrino, bastou que o mesmo "jurasse sobre sua viagem" para que fosse implementada a sentença: a devolução do bem furtado.

Um romeiro alemão se albergou na casa de Gil Buhon. E estando ali durante cinco dias, deu sua bolsa para a sua mulher guardar sem cadeado. E quando o romeiro estava se preparando para partir, pediu a sua bolsa com o dinheiro; o romeiro contou o dinheiro no albergue de Gil Buhon, e vendo boas mulheres do bairro, não se

---

384. Título 265, p. 145.

querelou que havia menos de seu dinheiro; **e foi logo o romeiro reclamar ao alcaide, e o alcaide julgou que jurasse sobre sua viagem sobre o quanto havia de menos e que lhe dissesse. E Gil Buhon teve que pagar o dinheiro quando o romeiro retornou de sua viagem** (grifos nossos)[385].

Talvez, embora seja recorrente a previsão jurídica da devolução do que fora furtado e o pressuposto de idoneidade da palavra do peregrino, havia leis consuetudinárias que protegiam também quem os hospedava. Juridicamente mais abstrata e geral do que os dois textos legislativos anteriores (sendo todos também *topoi* jurisdicionais), o Título XX do *Libro* prevê a devolução dos pertences furtados somente se a contenda for acompanhada de menção nominal do transgressor e a presença de testemunhas imediatas, algo duplamente importante em uma sociedade marcada pela oralidade e pelos valores de honra e desonra, fama e infâmia.

> Isto é por *fuero*: se o romeiro se hospeda na casa de albergador, sai da casa à noite e se levam algo dele, e, quando se levanta pela manhã, **fere o albergador, que grita seu nome para que os vizinhos possam ouvir, vir e ver o implicado, o albergador não o deve pagar**, mas deve fazer o direito aos romeiros, à mulher e aos homens da casa. Outrossim, se não o nomear [*sy non diere apelido*], mesmo que seja o hóspede de bom testemunho, **que o pague** (grifos nossos)[386].

No entanto, para além dessas resoluções consuetudinárias locais e particulares, havia pretensões monárquicas mais

---

385. Título 2, p. 7-8.
386. Título 20, p. 16-17.

amplas e coadunadas, com o interesse de incorporar, subtrair ou controlar as jurisdições locais e regionais sobre o tema. Como já citamos anteriormente, na disposição de proteção aos peregrinos, Alfonso IX, rei de Leão, provavelmente em 1229, estabeleceu disposições penais contra as fraudes infligidas aos peregrinos de Santiago e intimou seu cumprimento a todos os seus vassalos "que têm terras no caminho de Marselha até o Caminho Francês". O documento trata dos comerciantes ambulantes que vendiam suas mercadorias, os chamados "donos de asnos" (*asinarius*). Conforme as circunstancias e o *status* sociojurídico do transgressor, as penalidades previstas iam desde a perda dos bens, passando por penas pecuniárias, até chegar às punições corporais.

> Da mesma forma, que nenhum dono de asno ouse mentir sobre pesos e medidas nem faça o peregrino ir para algum lugar que prometeu por meio de alguma violência ou fraude. Qualquer um que for descoberto fazendo isto, **perca o asno** ou, pelo contrário, **perca o outro tipo de transporte** e, além disso, **pague ao rei V** *maravedíes*; se for um servo, o senhor **deve pagar nada menos que o transporte**, e o servo deve pagar **V** *maravedíes* ou, se não tiver como pagar, que **seja publicamente açoitado**. Estabelecemos firmemente isso pelo amor do nosso gloriosíssimo patrono, para a salvação da nossa alma e dos nossos pais, [e] não obstante para os outros que se dedicam com boa vontade para garantir a segurança e a comodidade dos peregrinos e, seja como for, acorrem ao que fora previsto (grifos nossos)[387].

---

387. PARGA; LACARRA & RÍU. *Las peregrinaciones...* Op. cit. Tomo III, p. 110-111.

Em 15 de fevereiro de 1253, em Sevilha, o governo de Afonso X elaborou um código jurídico com 70 itens direcionados a toda a terra de Santiago[388]. Assim, o decreto XII punia todos os violadores da integridade física e material dos transeuntes, bem como procurava garantir a pacificação e manutenção das vias sob a jurisdição real. Intitulado *De qui camino crebantar*, o texto estabelece: "Quem o caminho interromper e alguma coisa nele roubar, pague todo o dano dobrado, e pague ao rei a quota, assim como é estabelecido pelo *fuero*; se não for atracador ou ladrão conhecido de antes, que deve ir para a justiça. Outrossim, que se ali o homem matar que fique [sob o jugo] da justiça"[389]. No já citado diploma régio de 6 de novembro de 1254, escrito em Burgos, Afonso X prescreve a devolução dos bens roubados de peregrinos. Além de prever a liberdade de circulação de peregrinos e seus familiares, o documento apela aos juízes locais e provinciais para restituírem em dobro os bens subtraídos, desfazendo a injúria realizada[390].

Em síntese, não faltavam punições impostas aos peregrinos ou, sobretudo, aos seus algozes. Conforme o *status* social, elas poderiam ir desde as penas canônicas, como a excomunhão, suspensão do ofício e interdição dos ofícios eclesiásticos, passando pelo desterro e prisão até chegar às penas corporais e às penas pecuniárias. Embora algumas estivessem claramente diferenciadas pelo seu alcance e escopo canônico e/ou secular, o que se percebe é a intrínseca combinação de penalidades articuladas com uma série de procedi-

---

388. Tumbo B, p. 271.

389. Ibid., p. 273.

390. Ibid., p. 151-152.

mentos e circunstâncias agravadoras ou matizadoras de seu peso admoestativo, coercitivo e compensatório, previsto pelas legislações. Tudo isso não estava desvinculado de valores sociorreligiosos, morais, político-institucionais e jurídicos, em maior ou menor grau, associados à busca de regulamentação de comportamentos que afetavam a vida do peregrino como um todo. Talvez, a gravidade e diversidade de punições reforce a ideia de que os peregrinos devessem gozar de proteção e imunidades, especialmente por causa de sua relativa credibilidade religiosa ou profana.

Considerações finais

Resultado da expansão comercial, urbana e agrária europeia, as peregrinações medievais, sem deixar de ser um fenômeno religioso e penitencial, incluiu outras facetas da vida social, físico-geográfica, cultural, simbólico-imaginária, econômica, política, jurídico-institucional etc. Fundamentando-se em tradições jurídicas anteriores, os peregrinos foram definidos de múltiplas formas, embora fossem entendidos basicamente como estrangeiros e exilados. No entanto, pouco a pouco, com o desenvolvimento das peregrinações propriamente ditas, o termo adquiriu sentidos mais devocionais e penitenciais, que alcançaram tanto as legislações seculares quanto canônicas.

Ao longo da Idade Média, numerosos aspectos foram normatizados por instituições e legislações eclesiásticas (pontifícias ou episcopais), aristocrático-senhoriais e monárquicas, cada qual estabelecendo alcances muito diferentes em termos de jurisdição. Sejam as peregrinações em geral, ou as jacobeias, em particular, diversas faces e atividades dos peregrinos eram regulamentadas por essas autoridades. As legislações concentravam a atenção especialmente sobre a *persona*, os bens e os caminhos percorridos desses viajantes.

Em grande parte, sem entrar propriamente na polêmica historiográfica da precedência ou não dos fatores religiosos para explicar as peregrinações, este trabalho buscou priorizar o ponto de vista histórico dos aspectos jurídicos e institucionais, interessando-se pelos momentos em que se construiu com maior nitidez as normativas de proteção e controle da circulação de peregrinos. Por essa razão, priorizamos decretos conciliares e sinodais, diplomas régios, compilações jurídicas, salvo-condutos, legislações locais (*fueros*) etc., em particular os relacionados aos reinos de Leão e Castela dos séculos XI, XII e XIII, e os que correspondiam ao culto jacobeu.

Nesse sentido, na primeira parte, além de fazer uma pequena retrospectiva etimológica sobre os termos "peregrinação" e "peregrino", nos dedicamos a pensar como a condição jurídica do peregrino era um processo difícil de ser definido pelas autoridades seculares e eclesiásticas: considerou-se que os peregrinos tinham um estatuto jurídico privilegiado, mas não exclusivo e individualizado em termos absolutos, apesar das aproximações e distinções com as atividades dos mercadores e outros grupos sociais. Além disso, seguindo o escopo de pensar a caracterização jurídica desses devotos transeuntes, destacamos também a questão das vestimentas. Nesse caso, ao lado das conotações simbólicas e teológicas, apontamos o papel jurídico que porventura os signos de Santiago e as indumentárias peregrinatórias teriam para as autoridades eclesiásticas e seculares, destacando o combate às falsificações das insígnias jacobeias, mas também diferenciando os usos devocionais dos claramente estratégicos das indumentárias em geral.

Na segunda parte, ao lado das motivações de diversos grupos sociais envolvidos nas peregrinações, dedicamos algumas linhas à caracterização dos caminhos dirigidos a Santiago, procurando analisar uma constelação de leis e normas voltadas para proteger as *personas* dos peregrinos, seus familiares, seus bens e os próprios caminhos. Direta ou indiretamente ligados às peregrinações, concentramos a atenção sobre os privilégios, doações e dotações dirigidas à Igreja de Compostela, como também sobre as legislações seculares voltadas para a segurança e celeridade das pessoas e vias, rotas e caminhos jacobeus. A despeito da legislação pontifícia, corroboramos com a ideia de que foram as autoridades peninsulares (eclesiásticas ou seculares, senhoriais ou, sobretudo, monárquicas) que subsidiaram tal provimento, segurança e celeridade das peregrinações na Península Ibérica nos séculos X a XIII. Aqui, a geografia dos caminhos não prescindia da busca pela sua "articulação ou vertebração", já que esse era igualmente um fator de unidade identitário-religiosa e jurídica diante de uma diversidade de experiências socioculturais e fragmentações políticas. Não é à toa que a construção de claustros, hospitais, fortificações e edificações, bem como a doação de direitos sobre pessoas, terras, bens materiais e recursos monetários etc. eram uma constante e cumpriam igualmente o papel de prover de recursos as igrejas, em geral, e a de Compostela, em particular, para receber os peregrinos. Algumas dessas autoridades faziam-no por devoção a Deus e a Santiago, mas aproveitavam a própria peregrinação "pessoal" para fazer doações, dotações e conceder privilégios. As jurisdições tinham alcances locais, regionais, provinciais ou abarcavam todo o reino castelhano-leonês ou, até mesmo, as relações entre os diferentes territórios monárquicos. Se não podemos falar de um "Direito Internacional dos Peregrinos", já que não havia uma sistematicidade supranacional, tampouco deixamos de considerar que as legislações medievais criavam um *ius gentium* para os que vinham de fora ou partiam para terras (des)conhecidas.

Na terceira e última parte, dedicamos uma seção para as punições estabelecidas nos caminhos peregrinatórios, seja as infringidas diretamente aos próprios peregrinos, mas também aos considerados algozes e transgressores, que acometiam violências, roubos, furtos, fraudes ou prejudicavam de outras formas os viajantes. Dada as generalidades das documentações analisadas, não foi possível discutir detalhes acerca de outras implicações sociais, culturais, religiosas, políticas, institucionais e jurídicas das punições estipuladas pelas normas. No entanto, ao lado das modalidades de peregrinações forçadas ou expiatórias, priorizamos a constelação de punições recaídas sobre quem prejudicava as *personae* e os bens dos peregrinos. Diante dela, ao que parece, as penas canônicas ou seculares indicam uma relativa credibilidade, imunidade e liberdade que, ao menos juridicamente, os protegiam das situações de perigo. Por vezes, havia peregrinos transgressores, mas as legislações reproduziram um *topos* de que sua pessoa precisava mais de proteção do que lição.

Temos consciência de que faltou muita coisa neste texto. Por exemplo, é premente discutir melhor as relações jurisdicionais conflitivas e transbordamentos estabelecidos entre as legislações eclesiástico-canônicas e as seculares. É preciso igualmente pensar melhor as diversas condições jurídicas dos peregrinos e comparar as fontes de caráter jurídico com as de caráter não jurídico, repensando suas permeabilidades mútuas. Da mesma forma, é fundamental investigar se havia ou não diferenciações de tratamento entre peregrinos e peregrinas, levando em conta os novos temas, problemas e perspectivas propostos pelas (des)combinações entre a história social das mulheres e os estudos de gênero de matrizes pós-modernas[391]. Novos temas poderiam ser ressaltados *ad infinitum*. Seja como for, neste trabalho quisemos discutir as relações entre história e direito, (re)pensando como e por que em determinados contextos históricos os discursos jurídicos recaíam sobre as peregrinações, os peregrinos e o seu entorno. Algo que ia muito além de "um modo de orar com os pés"[392].

---

391. Para saber mais sobre as mulheres peregrinas, cf. GONZÁLEZ PAZ, C.A. (ed.) *Mujeres y peregrinación en la Galicia Medieval Santiago de Compostela.* Consejo Superior de Investigaciones Científicas/Instituto de Estudios Gallegos "Padre Sarmiento", 2010. GONZÁLEZ VÁZQUEZ, M. *Las mujeres de la Edad Media y el Camino de Santiago.* Santiago de Compostela: Xunta de Galicia/Consellería da Presidencia e Administración Pública/Servicio Central de Publicacions, D.L. 1989.

392. Essa expressão foi usada por José Ángel García de Cortázar, parafraseando o Professor Edimond-René Labande. Sobre o assunto, cf. GARCÍA DE CORTÁZAR, J.Á. El hombre medieval como "homo viator": peregrinos y viajeros. In: IGLESIA DUARTE, J.I. *IV Semana de Estudios Medievales* (02-06/08/1993). Nájera, 1994, p. 11.

Sobre os autores

Susani Silveira Lemos França é doutora em Cultura Portuguesa pela Universidade de Lisboa (1998) e professora livre-docente em História Medieval na Universidade Estadual Paulista Júlio de Mesquita Filho (Unesp). É autora, entre outros estudos sobre viagens medievais e registros do passado, de *Mulheres dos outros – Os viajantes cristãos nas terras a oriente (séculos XIII-XV)* (Editora Unesp, 2015), *Os reinos dos cronistas medievais"* (Annablume, 2006) e da edição e tradução de *Viagens de Jean de Mandeville* (Edusc, 2007). É organizadora de *Questões que incomodam o historiador* (Alameda, 2013) e *As cidades no tempo* (Olho d'Água, 2005). A pesquisadora é acadêmica correspondente brasileira da Academia Portuguesa da História.

Renata Cristina de Sousa Nascimento é doutora em História pela Universidade Federal do Paraná (UFPR). Participante do Núcleo de Estudos Mediterrânicos (Nemed). Professora-associada na Universidade Federal de Goiás (UFG), na Universidade Estadual de Goiás (UEG) e no Programa de Pós-Graduação em História da Pontifícia Universidade Católica de Goiás (PUC-Go). Realizou estágios de pós-doutorado na Universidade do Porto (dez./2015-2016) e na Universidade Federal do Paraná (2012). É co-organizadora de *Historiar: interpretar objetos da cultura* (UFU, 2009), *Uma corte europeia nos trópicos & outros ensaios* (Ed. da PUC-Go, 2010),

A Idade Média: entre a história e a historiografia (Ed. da Puc-Go, 2012), *Mundos ibéricos: territórios, gênero e religiosidade* (Alameda, 2017) e *Entre Europa, África e América: mundos ibéricos no Atlântico-Sul* (Multifoco/Luminária, 2017).

Marcelo Pereira Lima é mestre em História Social pelo PPGHIS-UFRJ (2001), doutor em História pelo PPGH-UFF (2010) e Pós-doutor pela Universidad de Salamanca (2015). É medievalista e, desde 2011, professor do Departamento de História e do Programa de Pós-Graduação em História da Universidade Federal da Bahia. É editor da *Revista Veredas da História* e um dos fundadores do Letham (Laboratório de Estudos sobre a Transmissão e História Textual na Antiguidade e no Medievo). É co-organizador do livro *Tempo, história e ficção: ensaio sobre a Antiguidade e a Idade Média* (Quarteto, 2014).

Série A Igreja na História
Coordenadores: José D'Assunção Barros
Leila Rodrigues da Silva
Andreia Cristina Lopes Frazão da Silva

- *Papas, imperadores e hereges na Idade Média*
José D'Assunção Barros
- *Mitos papais – Política e imaginação na história*
Leandro Duarte Rust
- *Mártires, confessores e virgens – O culto aos santos no Ocidente medieval*
Andréia Cristina Lopes Frazão da Silva e Leila Rodrigues da Silva (orgs.)
- *Peregrinos e peregrinação na Idade Média*
Susani Silveira Lemos França, Renata Cristina de Sousa Nascimento e Marcelo Pereira Lima

CULTURAL

Administração
Antropologia
Biografias
Comunicação
Dinâmicas e Jogos
Ecologia e Meio Ambiente
Educação e Pedagogia
Filosofia
História
Letras e Literatura
Obras de referência
Política
Psicologia
Saúde e Nutrição
Serviço Social e Trabalho
Sociologia

CATEQUÉTICO PASTORAL

Catequese
Geral
Crisma
Primeira Eucaristia

Pastoral
Geral
Sacramental
Familiar
Social
Ensino Religioso Escolar

TEOLÓGICO ESPIRITUAL

Biografias
Devocionários
Espiritualidade e Mística
Espiritualidade Mariana
Franciscanismo
Autoconhecimento
Liturgia
Obras de referência
Sagrada Escritura e Livros Apócrifos

Teologia
Bíblica
Histórica
Prática
Sistemática

REVISTAS

Concilium
Estudos Bíblicos
Grande Sinal
REB (Revista Eclesiástica Brasileira)
SEDOC (Serviço de Documentação)

VOZES NOBILIS

Uma linha editorial especial, co[m]
importantes autores, alto valo[r]
agregado e qualidade superio[r]

VOZES DE BOLS[O]

Obras clássicas de Ciências H[...]
em formato de bolso

PRODUTOS SAZONAIS

Folhinha do Sagrado Coração de Jesus
Calendário de mesa do Sagrado Coração de Jesus
Agenda do Sagrado Coração de Jesus
Almanaque Santo Antônio
Agendinha
Diário Vozes
Meditações para o dia a dia
Encontro diário com Deus
Guia Litúrgico

CADAST[RE]
www.voze[s]

EDITORA VOZES LTDA.
Rua Frei Luís, 100 – Centro – Cep 25689-900 – Petrópolis, RJ
Tel.: (24) 2233-9000 – Fax: (24) 2231-4676 – E-mail: vendas@vozes.com

UNIDADES NO BRASIL: Belo Horizonte, MG – Brasília, DF – Campinas, SP – [...]
Curitiba, PR – Fortaleza, CE – Goiânia, GO – Juiz de Fora, MG
Manaus, AM – Petrópolis, RJ – Porto Alegre, RS – Recife, PE – Rio de Jan[eiro]
Salvador, BA – São Paulo, SP